BoD

Holger Scheerer

PSYCHO-MASCHINE

Kammerspiel in vier Kammern

© Holger Scheerer, 2015

Buchfassung des 2008/09 geschriebenen und 2012 im Cantus Theaterverlag, Eschach erschienen Stückes

Herstellung und Verlag:

Books on Demand GmbH, Norderstedt

Die Aufführungsrechte liegen allein beim Cantus Theaterverlag, Eschach

ISBN: 978-3-734-76034-1

PSYCHO-MASCHINE

Kammerspiel in vier Kammern

Der Körper ist ein Zellenstaat,
in dem jede Zelle einen Bürger darstellt.
Krankheit ist lediglich ein Konflikt der Bürger
dieses Staats,
den die Einwirkung äußerer Kräfte
herbeiführt.

Rudolf Virchow, Cellularpathologie

ORT

Psychiatrische Universitätsklinik

PERSONEN

Professor
Oberarzt
Arzt
Patient
Psychologin
Anatom
Kommissar
Schwestern, Studenten

(um Menschenmaterial zu sparen, können Anatom/Kommissar von Oberarzt/Arzt dargestellt werden)

VORSPIEL

Szene 1

Aufnahmezimmer in einer psychiatrischen Universitätsklinik. Arzt führt an Patient eine körperliche Untersuchung durch. Alles wird genauestens unter die Lupe genommen, von oben bis unten, von hinten bis vorn. Mit einem Hämmerchen werden die Reflexe getestet, ein EEG wird angelegt, mit einem Instrument wird der Rachen inspiziert, auch andere Körperöffnungen und Organe werden fachmännisch in Augenschein genommen etc.

ARZT. Guten Tag, mein Name ist Klingsoff, ich bin Arzt auf der Station.

PATIENT. Guten Tag, ich freue mich ihre Bekanntschaft zu machen, wirklich. Wo kommen Sie her?

ARZT. Aus Russland.

PATIENT. Oh, Sie sprechen aber gut Deutsch.

ARZT. Danke, Sie auch. Warum sind sie hier, Herr Schneider?

PATIENT. Das weiß ich auch nicht so genau. Das…

ARZT. Was wollen Sie hier?

PATIENT. Hm.

ARZT. Hm. Wir machen jetzt erst einmal eine Aufnahme *(will einen Witz machen und tut so, als hätte er einen Photoapparat in der Hand).*

PATIENT. Soll ich aufstehen?

ARZT. Bleiben Sie sitzen. Sie bekommen bei uns noch genügend Aussichten auf einen aufrechten Gang. Haben oder hatten Sie irgendwelche Krankheiten?

PATIENT. Das weiß ich nicht so genau. Das...

ARZT. Hm, ich meine körperlich?

PATIENT. Körperlich? Nicht dass ich wüsste...

ARZT. Adipositas.

PATIENT. Wie bitte?

ARZT. Adipositas, das können wir doch erst

einmal feststellen, nicht wahr?

PATIENT. Sie meinen, dass ich zu fett bin?

ARZT. So habe ich das nicht gesagt. Sie haben nur… ich meine, Sie sind ein bisschen dick, nicht wahr?

PATIENT. Das ist unschwer festzustellen, denke ich.

ARZT. Denke ich auch. Puh, schönes Wetter haben wir heute, nicht? Ich werde sie jetzt neurologisch untersuchen.

PATIENT. Aha.

ARZT. Jaja, machen Sie sich frei…

PATIENT. Ich bin so frei.

ARZT. Und setzen Sie sich auf die Liege *(nimmt sein Instrumentarium (Hämmerchen) und testet die Reflexe des Patienten).* Alles in bester Sahne. Ihnen fehlt gar nichts. *(Patient blickt irritiert)* Jetzt kucken Sie nicht so komisch, war nur ein Scherz. Kein Grund zur Irritation. Sie sehen eigentlich ganz gut aus, finde ich.

PATIENT. Finden Sie.

ARZT *(legt EEG an).* Finde ich.

PATIENT. Das beruhigt mich ungemein.

ARZT. Sie haben nur etwas Probleme mit der Haut, sehe ich.

PATIENT. Sehen Sie.

ARZT. Ja, zum Beispiel im Gesicht. Haben Sie es schon mit Wodka probiert?

PATIENT. Was?

ARZT. Wodka, das ist bei uns so eine Art Generalmedizin. Ich habe immer ein Fläschchen im Badezimmer stehen. Mir hat es echt geholfen, ich nehme den Wodka auch nach dem Rasieren.

PATIENT. Und wie viel Wodka müssen Sie trinken, damit sich ihre Haut beruhigt?

ARZT. Aber nicht doch trinken! Wodka ist nur zur äußerlichen Anwendung gedacht. Wenn Sie den Wodka trinken, dann macht das sehr schnell Spaß. Und wenn Sie Spaß haben, werden Sie sehr schnell abhängig. Alles, was Spaß macht, ist gefährlich, auch Tabletten zum

Beispiel, fangen Sie also gar nicht erst an mit dem Spaß.

PATIENT. Und deshalb schmieren Sie sich den Wodka lieber ins Gesicht? Das ist aber ein teurer Spaß.

ARZT. Nicht nur ins Gesicht. Ich reibe auch meine Füße damit ein. Nach so einem arbeitsreichen Tag mit dem ganzen Her- und Hin- und Auf- und Abgelaufe wirkt das geradezu wundervoll. Und teuer ist das gar nicht. Eine Flasche Wodka reicht bei mir ein Jahr. Manchmal musste ich ihn sogar wegkippen, weil er schlecht geworden war und seine Wirkung verloren hatte. Dann bringen mir meine Verwandten welchen aus Russland mit. Wissen Sie, der russische Wodka wirkt aseptischer als der finnische oder gar der deutsche, von dem ganz abzuraten ist.

PATIENT. Es ist wahrscheinlich vom Alkoholgehalt abhängig.

ARZT. Jaja, das ist ein viel verbreitetes Vorurteil. Es kommt aber darauf an, woraus der Wodka gemacht ist. Roggen ist gut, Weizen und Gerste eher schlecht. Am besten sind Kartoffeln. Aber da ist heute schwer ranzukommen. So jetzt sind wir eigentlich fertig. Ich habe jedenfalls bereits genug gesehen und gehört. Vorsicht, Sie treten da in eine Ameisenspur!

PATIENT. Wie bitte?

ARZT. Na hier, Sehen Sie das nicht? In warmen Sommern haben wir hier immer ein Ameisenproblem. Die Insekten kriechen aus ihren Löchern im Wald, verlassen ihre Arbeitsstätten und Hügel und marschieren schnurstracks auf unsere Klinik zu. Wir versuchen mit weißem Pulver gegenzusteuern, Ameisenpulver. Aber die Ameisen gewöhnen sich sehr schnell an das Pulver.

PATIENT. Vielleicht haben Sie Spaß daran.

ARZT. Jedenfalls wirkt es nur einen Sommer lang. Dann haben sie sich daran gewöhnt. Dann ist das Pulver wirkungslos, und wir müssen in der nächsten Saison ein anderes einsetzen. Es ist ein Kampf mit der Windmühle, es ist zum Verzweifeln, verstehen Sie?

PATIENT. Und, wie geht es jetzt weiter?

ARZT. Morgen kommt der Professor.

PATIENT. Ich meine, wie geht es jetzt weiter?

ARZT. Morgen kommt der Professor. Jetzt ruhen Sie sich erst mal aus.

PATIENT. Und, bekomme ich Medikamente?

ARZT. Das besprechen sie morgen mit dem Professor, wenn der Professor kommt.

PATIENT. Sie sind doch Psychiater, oder?

ARZT. Wieso, brauchen Sie einen?

PATIENT. Wir sind hier doch in einer psychiatrischen Klinik, oder?

ARZT. Das kann schon möglich sein, ist sogar wahrscheinlich. Aber Sie dürfen das nicht zu eng sehen. Entspannen Sie sich. Gehen Sie auf ihr Zimmer. *(Schwester taucht auf)* Die nette Schwester wird Sie begleiten. Sie ist ihre

Bezugsschwester.

PATIENT. Was soll das sein?

ARZT. Immer vorpreschen, wie? Jetzt seien Sie doch mal etwas geduldiger, entspannen Sie sich. Mit dem Kopf durch die Wand, da kommen Sie bei uns nicht vorwärts, das muss ich ihnen gleich mit auf den Weg geben. Lassen Sie es langsam angehen. Was eine Bezugsschwester ist, das wird ihnen ihre Bezugsschwester schon noch begreiflich machen. Jetzt gehen Sie auf ihr Zimmer. Entspannen recht fein. Und packen ihren Koffer aus. Morgen kommt der Herr Professor, wenn er kommt, der Herr Professor.

SCHWESTER *(zu Patient im Abgehen).* Es ist eigentlich ganz einfach. Ich bin ihre Bezugsschwester, das heißt, wenn Sie einen

Bezug brauchen, kommen Sie zu mir. Aber jetzt gehen Sie erstmal auf ihr Zimmer und beziehen ihr Bett. Bezüge gibt's genügend im Schrank auf dem Flur. Den Schlüssel zum Schrank habe ich, wenn Sie ihn brauchen.

Szene 2

ARZT *(sitzt an einer altertümlichen Schreibmaschine und tippt seinen Bericht für die Krankenakte, verzweifelt mit den Tasten ringend).* Übergewichtiger, leger gekleideter Patient, erscheint pünktlich zum vereinbarten Termin, wirkt leicht provozierend, sonst aber recht betulich und gemütlich, Prognose: wird keine größeren Schwierigkeiten verursachen, wenngleich ein Restrisiko natürlich immer offen ist; Patient ist bewusstseinsklar, allseits orientiert, berichtet aber eher stockend, langsam, schwerfällig, wirkt leicht gehemmt, nach menschlich-ärztlichem Ermessen ist es unwahrscheinlich, dass eine Gefahr von ihm ausgeht, typischer Pseudointellektueller, will immer dazwischenquatschen, ist aber händelbar; die Stimmung des Patienten ist depressiv, ängstlich; obwohl er krampfhaft bemüht ist, Scherze zu machen, wirkt er insgesamt eher gelangweilt; keine Auffälligkeiten feststellbar hinsichtlich Auffassungsgabe, Konzentration, Vigilanz, Gedächtnis, die affektive Schwingungsfähigkeit scheint nicht eingeschränkt, Mnestik allenfalls leicht; auffällige Arroganz, ist aber formbar; formales Denken weitgehend geordnet, teilweise aber sprunghaft, produktiv-psychotische Symptomatik wird verneint; Patient ist im Kontakt streckenweise freundlich zugewandt, dann aber teils distanzlos, mithin gar feindselig wirkend, affektiv teils Wechsel zwischen Niedergestimmtheit und aggressiv-polterndem Verhalten, teils gut auslenkbar, teils aber auch affektiv starr wirkend, Antrieb deutlich herabgesetzt, psychomotorisch eher unruhig; tastbare Lipome im Bereich des linken Oberarmes sowie der linken und rechten Oberschenkel, im Abdomenbereich deutliche Striae distensae, linksseitiger Leistenbruch, drei ausgebrannte Hämorrhoiden; artefaktgestörtes 9-11/s Alpha-EEG, zum Teil sehr niedrig gespannt, zu Beginn der Ableitung teilweise Alpha-Zerfall, später zunehmende Besserung der Modulierung, soweit beurteilbar kein Herd oder Seiten, keine Zeichen erhöhter cerebaler Erregbarkeit, insgesamt eher unauffälliger allgemein-internistischer und neurologischer Untersuchungsbefund. Deutlich zeigt sich jedoch ein chronifiziertes, persönlichkeitsstrukturell verankertes psychisches Störungsbild mit komplexer, systemischer, interaktioneller und intrapsychischer Dysfunktionalität sowie ein insgesamt eher reduzierter Allgemeinzustand *(Arzt stöhnt auf)*. Puh, geschafft, was für eine Affenhitze. Werde mir die Akte des Burschen morgen früh nochmals zu Gemüte führen, um den Professor, wenn er kommt, umfänglich informieren zu können über die psychischen Aspekte des mir insgesamt eher harmlos erscheinenden Falls *(Frauenstimme im Hintergrund: Doktörchen, Feierabend! Abendbrot! Jetzt komm doch endlich, Schnick-Schnack!).* Morgen ist auch noch ein Tag. Wenn der Professor kommt, kommt er eh erst am späten Vormittag, wenn der Professor kommt. Wenn der Professor nicht kommt, bleibt wieder alles an mir hängen. Puh, immer das Kreuz mit der Verantwortung!

HAUPTSPIEL

Szene 1

Die Handlung des Hauptspiels findet ausschließlich im Krankenzimmer des Patienten statt und erstreckt sich über den Zeitraum eines Vierteljahrs. Um den Zuschauer nicht über Gebühr zu langweilen, findet das Ganze im Zeitraffer statt. Denkbar ist eine Konstruktion mit zwei Türen. Während der letzte der Kolonne den Raum auf der einen Seite verlässt, betritt der erste der Kolonne den Raum auf der anderen Seite wieder. Nachdem sich der Patient auf sein Bett gesetzt hat, bleibt ihm so genügend Zeit zum Aufstehen. Auftritt Professor, Oberarzt, Arzt, im Gefolge Psychologin, Schwestern und Studenten, Modell: römische Kohorte bei der Hausdurchsuchung.

PROFESSOR *(begrüßt Patient mit Handschlag)*. Guten Tag.

PATIENT. Guten Tag.

PROFESSOR. Na, was haben wir denn da?

PATIENT *(will etwas sagen, wird aber nach einer Vorsilbe unterbrochen)*.

OBERARZT *(blickt Arzt über die Schulter, der Krankenakte hält und liest darin)*. Ein ganz komplizierter Fall. Er sagt, er sei depressiv...

PROFESSOR. ...depressiv?

OBERARZT. Depressiv, schon seit Jahren, depressiv...

PROFESSOR. Wie viel Jahre?

OBERARZT. Acht Jahre.

PROFESSOR. Acht Jahre will er schon depressiv sein, kaum zu glauben *(blickt sich um)*. Sehen sie sich das genau an, meine Damen, meine Herrn, depressiv will er sein, acht Jahre! Ein Mann wie ein Baum. Was sagen denn Sie dazu?

PATIENT *(will etwas sagen, wird aber nach einer Vorsilbe unterbrochen)*.

ARZT *(liest in der Krankenakte)*. Mindestens depressiv, Herr Professor. Vielleicht sogar Schlimmeres. Unsere Vorgänger…

PROFESSOR. …u n s e r e V o r g ä n g e r, ich wusste es, Doktor! Meine Damen, meine

Herrn, so ist's bei den meisten unserer Kunden, sie sind bereits irgendwo auffällig geworden, haben irgendwo, in irgendeinem Keller, bereits eine Akte hinterlassen, auf die wir nun zurückgreifen können. Die meisten Kunden sind so zufrieden mit uns, dass sie immer wieder kommen *(allg. Heiterkeit),* bis sie geheilt sind sozusagen von der Krankheit, uns immer wieder aufzusuchen *(allg. Gelächter).* Einige tauchen auch nie wieder auf. Sie sehen also, dass man es diesen Leuten – bei aller Liebe – nicht allzu bequem hier machen darf, sonst wollen sie überhaupt nicht mehr gehen *(allg. Heiterkeit).* Aber bitte, ich will mich nicht allzu lang aufhalten mit unseren charmanten Damen – und Herrn *(zu Oberarzt).* Was sagen denn Sie dazu?

PATIENT *(will etwas sagen, wird aber nach einer Vorsilbe unterbrochen).*

OBERARZT. Ja, mich dürfen Sie nicht fragen zu diesem Fall. Ich hatte ja noch keine Zeit, mich damit zu befassen. Sie wissen ja selbst, Herr Professor, ich bin quasi aus der Forschungsabteilung gar nicht mehr herausgekommen in letzter Zeit. Ich befinde mich am Rande meiner Leistungsfähigkeit. Im ganzen letzten Jahr habe ich das Licht der Sonne nicht gesehen. Meine Kinder müssen ohne mich aufwachsen. Also, entschuldigen Sie mich bitte. Was sagen denn Sie dazu?

PATIENT *(will etwas sagen, wird aber nach einer Vorsilbe unterbrochen).*

ARZT. Ja also, unsere Vorgänger haben sich auch recht schwer getan, in der Beurteilung dieses Falles hier. Ich zitiere aus dem Bericht der Psychiatrischen Bezirksklinik Oberbayern…

PROFESSOR. Auweia.

ARZT. Der 28-jährige, ledige, ehemalige Philosophie- und Literaturstudent *(während des gesamten Vortrags immer wieder Gemurmel, Heiterkeit oder ähnliche Reaktionen im Gefolge),* der zuletzt als Journalist für eine Lokalzeitung tätig gewesen sein will, berichtet über eine nachgiebige und überprotektive Erziehung als Einzelkind.

PROFESSOR. Aha, interessant.

ARZT. Bereits im Kindergartenalter entwickelte er Flucht- und Separierungstendenzen und zeigte Neigung für das Einzelgängertum.

PROFESSOR. Soso, das ist aber nicht schön.

ARZT. Zu Beginn der Gymnasialzeit ist er einer alles umfassenden Müdigkeit anheimgefallen. Es ist zu einer totalen Verkrampfung und im Laufe der weiteren Entwicklung zu einer totalen Leistungsverweigerung gekommen.

PROFESSOR. Na, fein ist das nicht. Aber, meine sehr verehrten Damen und Herrn, behalten sie den Punkt in ihrem Hinterkopf, ich komme vielleicht noch einmal darauf zurück, will aber den Vortrag nicht immer unterbrechen – Leistungsverweigerung, sehr interessant. Fahren sie fort, Herr Doktor!

ARZT. Wo war ich denn stehen geblieben? Ah ja, genau hier, Leistungsverweigerung – die zu erheblichen Lernschwierigkeiten und sogar zu zwei Klassenwiederholungen geführt hat. Zwischen dem 15. und 18. Lebensjahr ist es dann, zuförderst an den Wochenenden und in den Schulferien, zu exzessivem Alkoholgebrauch gekommen, der sich teilweise sogar bis in den Vollrausch hinein ausweitete. Wenigstens muss man feststellen, ist dem Patienten, der seine Kindheit als Einzelkind wohl eher isoliert verbracht hat, mit diesem prinzipiell nicht gut zu heißenden Tun, der Anschluss an eine Clique jugendlicher Alkoholiker gelungen. So dass ihm durch diesen in seiner Kommunikationsleistung mangelhaften Versuch, immerhin der Kontakt zu einer in diesem jugendlichen Alter für die intra- sowie auch extrapsychische Entwicklung wichtigen Peer Group gelungen ist.

PROFESSOR *(lacht)*. Entschuldigen Sie bitte, wenn ich lache, es hat nix mit ihrem Vortrag zu tun, Herr Doktor. Zufälligerweise kenne ich den Chefarzt der Oberbayerischen Bezirksklinik recht genau. Und habe mich über die gestelzte – verzeihen sie mir den Ausdruck – seine schwule Sülze schon oft mokiert. Vielleicht sollte er selbst mal ein bisschen in sich gehen. Nicht dass Sie mich missverstehen, meine werte Damen und Herrn, der Mann ist auf dem weiten Felde der Psychiatrie eine fast genauso große Kapazität wie ich. Aber mir scheint es fast, er leidet etwas zu viel an diesem FAST. Er hat sich auf schizophrene Psychosen spezialisiert, seitdem sieht er bei jedem Waldspaziergang eine psychotische Eiche oder einen schizoiden Tannenbaum. Es lässt sich fast behaupten, der Mann sieht den Wald vor lauter Bäumen nicht. Zum zweiten Punkt, dem Saufen. Ich hab mal eine Lammkeule mit ihm verspeist, der Mann trinkt, wie viele Schizothyme übrigens, so gut wie gar keinen Alkohol. Den Wein, den er kredenzen ließ, hätten sie nicht einmal im Tierheim an die Hunde ausschenken können. Selbst wenn ihr letztes Stündlein geschlagen hätte, ihre Zunge schon am Boden gehangen wäre und sie kurz vor dem Eintritt in den Hundehimmel gestanden wären, gesoffen, meine Damen, meine Herrn, hätten sie die rote Brühe nicht. Ich verlangte schnurstracks nach einem original oberbayerischen Hefeweißbier aus der Region. Das konnte man sich wenigstens hinter die Binde gießen. Also vom Saufen, meine Damen und Herrn, hat er gar keine Ahnung und auch ansonsten hat er glaube ich wenig Spaß im Leben *(allg. Heiterkeit)*. Wir wollen die Sache nicht zu sehr ins Heitere ziehen, schließlich habe ich mich bei meinem letzten Vortrag in Harvard ausgiebig über den schädigenden Einfluss des Alkohols auf das menschliche Gehirn ausgelassen. Es war eine sehr gute

Veranstaltung, reichlich Publicity, technically sweet, wir sind danach noch einen trinken gegangen *(allg. Gemurmel)*. Ja, ja, auch ich war in meiner Studienzeit, als ich noch so jung und fesch war wie Sie, meine Damen, meine Herrn, ein Bacchus. Und jetzt schauen Sie sich an, was aus mir geworden ist! Aber ich will Sie nicht unterbrechen, Herr Doktor, fahren sie fort!

ARZT. Bei was waren wir jetzt gleich nochmal stehen geblieben?

OBERARZT *(müde)*. Beim Saufen, nehme ich an, beim Saufen.

ARZT. Oh ja, selbstverständlich, also *(sucht in der Krankenakte)* irgendwann gab er das Saufen auf *(allg. Gemurmel)*. Ja, und zwar, um sein Abitur gut zu bestehen.

PROFESSOR. Sag ich doch, schauen Sie sich ihn an, meine Damen und Herrn, ein Mann wie ein Baum, der lässt sich durch nix so leicht von seinem Lebensweg abbringen.

ARZT. Ja also, ich fahre fort, ich zitiere: Seinerzeit sind erstmals Panikattacken, sowie depressive Verstimmungen mit passiven Todeswünschen aufgetreten *(Professor schlägt die Hände vors Gesicht).* Der Patient hat sich zunehmend mit Literatur beschäftigt und ist in die Welt der Bücher geflohen. Dies führte zu einer weiteren sozialen Isolation. Nach der Trennung von seiner ersten und bislang einzigen Freundin akzentuierten sich Panikattacken, Angstzustände und Depressionen. Dies führte zum Abbruch des Studiums.

PROFESSOR. Oh, deswegen wirft man die

Flinte doch nicht gleich ins Korn, ein Mann wie ein Baum! Wenn ich nach jeder Frau gleich mein Studium hingeschmissen hätte, stünde ich jetzt noch immer vor dem Physikum.

ARZT. Der Patient hat das Gefühl, sein Leben versande, da er weder Pläne, noch Perspektiven, noch Wünsche entwickle. Zudem gibt er vor, an einer ständigen Anspannung, Verkrampfung sowie der Angst verrückt zu werden zu leiden.

PROFESSOR. Auweia, wirklich unschwer zu erraten, auf was das wieder hinauslaufen wird, die oberbayerische Diagnose wird wieder einmal versanden.

ARZT. Seine Depressionen versteht er scheinbar als Art Gedankenschübe,

Verzweiflungszustände. Ohnmacht- und Sinnlosigkeitsgefühle münden beim Patienten in eine übermächtige Passivität, wobei der Patient vorgibt, dass sich die Symptomatik im Zustand des Alleinseins noch verstärke. Neben einem starken Druck im...

PROFESSOR. Genug jetzt, genug, mir wird ja selber schon ganz schwindelig *(zieht sein Taschentuch, wischt sich den Schweiß von der Stirn),* das ist ja kaum mehr auszuhalten. Jetzt kommen sie doch endlich mal zum Punkt, Herr Doktor!

ARZT. Zum Punkt, sehr wohl... zu welchem Punkt?

PROFESSOR. Na, zur Diagnose, Mensch, von was reden wir denn hier schon die ganze Zeit?

ARZT *(gekränkt).* Ach ja, jawohl. Ich zitiere, bitte schön: Beim Patienten handelt es sich um einen Typus mit dem Verdacht auf eine Psychose aus dem schizophrenen Formenkreis: Schizophrenia simplex. Alternativ kommt auch eine schizoide Persönlichkeitsstörung mit narzisstischen und selbstunsicheren Zügen in Betracht.

PROFESSOR *(gelangweilt).* Aber?

ARZT. Aber? Wie Aber?

PROFESSOR. Na, lesen Sie weiter, Herr Doktor, nur zu. Nach der Lammkeule kommt in Oberbayern immer ein ABER.

ARZT. Ah gut, ja, ich fahre fort: Zusammenfassend lässt sich sagen, dass sich im Leistungsbereich allenfalls leichte

Einbußen feststellen lassen und auch diese nur in den komplexeren Bereichen wie der geteilten Aufmerksamkeit. Somit liegt ein klassisches Muster kognitiver Einbußen, wie sie sich bei schizophren erkrankten Patienten vorfinden, nicht vor. ABER...

PROFESSOR. Hört, hört!

ARZT. ABER die Art und Weise wie sich der Patient verhält, deutet dennoch auf eine Schizophrenie hin, wenn denn nicht eine klassische schizophrene Psychose, so kann es sich wie ausgeführt um einen Typ der Schizophrenia simplex handeln, trifft dies nicht zu, so kann es sich zumindest um ein Prodromalstadium einer schizophrenen Psychose handeln, alternativ kann auch von einer schizoiden Persönlichkeitsstörung ausgegangen werden, wir befürworten diesbezüglich vor allem die schizoide Persönlichkeitsstörung mit narzisstischen und selbstunsicheren Zügen, differenzialdiagnostisch betrachtet, können jedoch auch emotional-instabile, histrionische, antisoziale-dissoziale, ängstlich-abhängige, passiv-aggressive oder anankanistische Züge prädominieren.

PROFESSOR *(genervt)*. Oder ins Deutsche übersetzt, meine Damen und Herrn, der Tannenbaum ist zwar saftig und grün, sieht aber irgendwie schizoid aus. Dies verleiht ihm möglicherweise Züge, die ihm beim nächsten sauren Regen ganz schön erwischen können, womöglich haut ihn auch schon der sanfteste Bergwind aus den Latschen *(allg. Heiterkeit)*. Sie sehen, mein werter Kollege von den oberbayerischen Gebirgsausläufern, diesen saftigen Hängen, diesen grünen Wiesen, wo die braunen Kühe weiden und der Oberförster mit dem Bayerischen Gebirgsschweißhund durchs Dickicht streift, unter diesem klaren, weiß-blauen Himmel, wo der Steinkopfadler seine Runden zieht, dieser, mein sonst so geschätzter Kollege, hängt noch einer alten Auffassung von Psychiatrie nach. Unter seinen Blicken, das dürften Sie schon bemerkt haben, wird alles schizoid und irgendwie auch unbehandelbar. Eine psychotherapeutische Abteilung etwa, die sich mit der unseren auch nur im Entferntesten messen ließe, hat seine – landschaftlich übrigens überaus reizvoll gelegene und im klassischen Pavillonstil erbaute Klinik – überhaupt nicht. Wir hier, meine werten Damen und Herrn, sind modern. Bei uns steht der Patient im Mittelpunkt des Geschehens – und nicht die Lammkeule. Wir stopfen unsere Patienten auch nicht nur mit Medikamenten voll, bis sie einen Fußball nicht mehr von einem Frühstücksei unterscheiden können. Bei uns wird der Patient umfassend psychotherapeutisch betreut und noch nicht einmal nach seiner Entlassung fallengelassen. Bei uns steht der Patient im Mittelpunkt, der da *(deutet auf Patienten),* genau der da, uns interessiert jeder Einzelfall. Alle meine Patienten kenne ich persönlich, mit manchen habe ich mich sogar schon angefreundet. Also, was sagen Sie zu dem Vorgetragenen, Herr Schröder?

OBERARZT. Schneider, der Patient heißt Schneider.

ARZT. Ja, Schneider, nicht Schröder, Schneider.

PROFESSOR. Also, Herr Patient, was sagen Sie zum Vorwurf der Schizophrenie?

PATIENT. Ich weiß nicht, ich denke aber nicht, dass…

PROFESSOR. So sehe ich das auch. Ich denke auch nicht, dass sie schizophren sind. Ich glaube nicht an die These unserer oberbayerischen Gebirgsbracke. ICH halte sie nicht für schizophren. Wo kämen wir denn da hin, ein Mann wie ein Baum und schizophren will er sein! Die Diagnose ist vom Tisch, meine Damen und Herrn, endgültig, ich will nichts mehr davon hören.

OBERARZT. Ich denke, wir können stehen lassen als Ausgangslage die depressive Verstimmung.

PROFESSOR. Das ist fein gedacht, einverstanden, depressiv ist ja heutzutage jeder irgendwie, da hat ein bisschen Medizin noch niemandem geschadet. Was schlagen Sie vor, TRIVIUM oder…

OBERARZT. …TRIVIUM, oder…

ARZT. …TRIVIUM.

PROFESSOR. So sehe ich das auch, eine sehr gute Entscheidung. Also TRIVIUM, ab morgen *(Arzt schreibt in Krankenakte)* TRIVIUM, 150 mg.

ARZT. Wir sollten wegen dem Blutdruck…

OBERARZT. Wegen dem Blutdruck sollten wir beginnen mit der Hälfte, 75 mg.

PROFESSOR. Papperlapapp, meine Herrn, wo haben Sie denn das gelesen, im Beipackzettel oder haben Sie ihren Apotheker gefragt?

Sehen Sie sich den Mann an, ein Mann wie ein Baum, der verträgt das schon. Also schreiben Sie: 150 mg, doppelte Dosis. Wir müssen jetzt sowieso kucken, dass wir weitermarschieren, wir haben ja noch zwei Fälle zu erledigen vor der Mittagspause und uns hier mit dieser Bagatelle schon viel zu lange aufgehalten...

OBERARZT. Ja, das ist ja immer so beim Eingangsgespräch, das gezwungenermaßen etwas gründlicher und zeitintensiver ist als die Folgegespräche.

PROFESSOR. Ja, natürlich, es lässt sich nicht immer ganz vermeiden.

ARZT. Frau Lehmann wird nächste Woche eh entlassen, das können wir dann in ein, zwei Sätzen abhandeln, wenn wir's dann mit dem Fall Maier nicht übertreiben, der eh zur

Aggravation neigt, dann bleiben wir ohne Probleme im Zeitrahmen.

OBERARZT. Und die Küche wird nicht wieder kalt, was?

PROFESSOR. Ja, gut, dann also auf Wiedersehen, Herr Schröder, und gute Besserung. Ich wünsche Ihnen einen angenehmen Aufenthalt. *(Im Abgang)* Gehen wir heute eigentlich wieder in die Kantine oder nicht lieber doch besser zum Italiener? *(undefinierbar, von wem die einzelnen Stimmen stammen) Immer dieser Anstaltsfraß. Beim Griechen war das letzte Mal der Gyros kalt, auch die Syrakus'sche Platte: kalt. Ja, ich denke, dass hat sich erledigt. Für mich auch. Also, der Italiener. Das ist nicht sehr wahrscheinlich, aber immerhin. Sie, Herr Professor, wegen der Psychotherapie...*

Stimmt, das hätten wir jetzt fast vergessen, schicken Sie ihm die Neue auf den Hals, Sie wissen schon, meine Spezialwaffe, die sieht gut aus und wird ihn etwas aufheitern, solange…

Szene 2

Zielstrebiger Einmarsch Professor, Gefolge.

PROFESSOR. Aha! Wen haben wir denn da?

OBERARZT. Ja, das ist der Herr Schröder.

ARZT *(liest in Krankenakte).* Schneider, Herr Professor.

PROFESSOR. Schröder?

OBERARZT. Ja, Schneider

ARZT. Schneider, Herr Professor.

OBERARZT. Nicht Schröder.

ARZT. Schneider.

PROFESSOR. Und, wie geht's ihm denn?

PATIENT *(will etwas sagen, wird aber nach einer Vorsilbe unterbrochen).*

ARZT UND OBERARZT *(sprechen gleichzeitig).* Nach zweiwöchiger Behandlung geht es ihm schon wesentlich besser, das sehen Sie ja selbst./Nach zweiwöchiger Behandlung geht es ihm noch nicht wesentlich besser, das sehen Sie ja selbst.

PROFESSOR. Ja, da müssen wir die Dosis erhöhen. Bei diesem Stadium von…

ARZT *(liest in Krankenakte).* …Schizophrenie…

PROFESSOR. …sind wir geradezu verpflichtet, die Dosis zu erhöhen. Sie wissen, dass wir diese auseinandergefahrenen chemischen Prozesse im Hirn auf chemische Art und Weise erst einmal wieder zusammenklamüsern müssen. Hier braucht es Geduld. Andererseits kann eine schnelle Erhöhung der Dosis auch einiges bewirken.

OBERARZT. Ich gebe zu bedenken die Nebenwirkungen, das Ansteigen des Blutdrucks...

ARZT *(blickt angestrengt in die Krankenakte)*. Ja, der Blutdruck…

PROFESSOR. Blutdruck, papperlapapp. Fällt ihnen denn gar nix anderes mehr ein. Jetzt kommen Sie mir doch nicht immer mit ihrem Blutdruck!

ARZT *(blickt aus der Krankenakte auf)*. Jesus

Maria, Kommando Retour! Meine Herrn, es tut mir leid, es handelt sich gar nicht um einen Fall von Schizophrenie, der Herr ist depressiv.

OBERARZT. Depressiv? Zeigen Sie mal her *(blickt in die Krankenakte).*

ARZT. Der Zimmernachbar ist schizophren. Dieser Herr ist depressiv. Ich bin in der Zeile verrutscht.

OBERARZT. Tatsächlich, Herr Professor, der Patient ist NICHT schizophren, der Patient ist depressiv.

PROFESSOR. Ja, ein klarer Fall, da müssen wir die Dosis erhöhen. Verdoppeln ist am besten.

OBERARZT. Aber Herr Professor, ich gebe

zu bedenken, der Blutdruck…

ARZT. …der Blutdruck, Herr Professor…

PROFESSOR. Was Sie hier sehen, meine sehr verehrten Damen und Herrn, ist für die Entwicklung der Humanmedizin geradezu symptomatisch. Als einzigartige, einsame Kapazität auf dem weiten Feld der Forscherehre haben Sie es stets - wie weiland Wallenstein - mit einem ganzen Heerlager an Bedenkenträgern zu tun. Lassen Sie sich deshalb auf ihrem weiteren Weg als Psychiater und Psychiaterinnen nie vom vorgezeichneten Weg abbringen. Was links und rechts sich befindet von dem schmalen Pfad, auf dem Sie wandeln, hat Sie nicht zu interessieren. Wenn der Pfad noch nicht ausgetrampelt ist, dann sei Ihnen versichert, dass Sie sich in der richtigen Richtung bewegen. Wie auch in der Kunst, trifft der Genius seine Entscheidungen auf dem Feld der Wissenschaft einsam – und allein seinem Gewissen unterworfen. Also wird die Dosis jetzt erhöht. Schreiben Sie...

ARZT *(schreibt in Krankenakte).* Jawohl, Dosis wird erhöht. Aktuelle Dosis TRIVIUM 150 mg. Dosis wird um wie viel erhöht?

PROFESSOR. Die Dosis wird verdoppelt. Ein Mann wie ein Baum. Viel hilft viel.

OBERARZT. Der Blutdruck, der Blutdruck!

PROFESSOR *(reißt Arzt die Krankenakte aus der Hand und wirft sie zu Boden).* Jetzt langt's mir aber! Wollen Sie mich beerben, Herr Oberarzt, oder verhohnepiepeln? Wenn Sie mich irgendwann beerben wollen, sollten Sie aufhören an meinem Stuhl zu sägen, so lange ich noch fest und blutstark wie ein junger Rittmeister im Sattel sitze. Ich bestimme hier – durch Schenkeldruck – wohin der Gaul geritten wird. Hinter den Kulissen können Sie mir alles sagen, das wissen Sie. Aber kritisieren Sie nie wieder eine meiner Entscheidungen vor dem Angesicht dieser jungen unschuldigen Menschen da. Was für einen Eindruck wollen Sie hier hervorrufen? Dass es bei uns zugeht wie bei Sodom und Gomorrah, oder wie? Bin ich Sara, habe ich eine Perücke auf? Bleiben Sie bei ihren Leisten, Herr Oberarzt, und überlassen Sie das Denken den Köpfen! *(hebt die Krankenakte auf und blättert darin)* Hm, der Blutdruck dieses Herrn scheint mir in der Tat etwas bedenklich zu sein.

OBERARZT *(auftrumpfend).* Sag ich doch, sag ich doch!

PROFESSOR. Sie haben hier aber nix zu sagen. Und jetzt halten Sie sich zurück. Zu was haben wir denn eigentlich Blutdrucksenker, für was plädieren Sie, ACE-Hemmer?

ARZT. Oder Betablocker?

PROFESSOR. Fein, dass Sie mir zustimmen. Ich bin auch für beides. Ein Mann wie ein Baum. Schreiben Sie: ab morgen ACE-Hemmer UND Betablocker.

ARZT *(schreibt in Krankenakte)*. Zur Blutdrucksenkung ACE-Hemmer und Betablocker… Dosis, Herr Professor?

PROFESSOR. Doppelte Dosis.

ARZT. Jawohl, doppelte Dosis – von was?

PROFESSOR. Von der einfachen, die doppelte. Es ist eigentlich ganz einfach.

ARZT. Das Doppelte.

PROFESSOR. Das Doppelte natürlich, vom Einfachen das Doppelte. Ein Mann wie ein Baum. Viel hilft viel *(stöhnt auf, wischt sich mit einem Taschentuch den Schweiß von der Stirn).* Sie sehen hier, werte Damen und Herrn, und es ist gut, dass Sie das auch einmal sehen, ein Bild der modernen Humanmedizin, wie wir es längst überwunden glaubten. Wir lasen davon in den Berichten und den Memoiren, in den wissenschaftlichen Arbeiten unserer Vorväter und unserer Vorvorväter in der Geschichte der Humanwissenschaft. Restlos alle, die die Menschheit entscheidend voranbrachten, wie beispielsweise ich mit der Erforschung des Gehirns, aber auch die

Kollegen auf allen erdenklichen Gebieten der Humanmedizin, erinnern Sie sich nur an Alzheimer, Basedow, Curie, Dieffenbach, Ehrlich, Forßmann, Griesinger, Haber, Ignarro, Jenner, Koch, Leyden, Mengele, Neumann, Osler, Pasteur, Quincke, Ross, Schweitzer, Theiler, Urbach, Virchow, Warburg, Xenophon, Yersin, Zuckerkandl! Längs jenem gespenstischen, bald wie durch ein zitterndes Flammenscheit spärlich erhellten, bald in völliger Dumpfheit und Dunkelheit begrabenen Riesenzuge närrischer Menschen, den wir Weltgeschichte nennen, läuft nämlich eine scharf erhellte Galerie klar ausgemeißelter, stolz profilierter Charakterfiguren, die, einsam und unbeweglich in ihren Nischen thronend, dem trüben Gewimmel unter ihnen scheinbar gänzlich fremd, dennoch die leuchtenden Fanale bilden, an denen man sich über den ganzen Massenstrom orientieren kann. Es sind die so genannten großen Männer, Männer wie ich. Sie waren, sie sind, sie werden sein. Es gibt wenige Gewissheiten, die so gewiss sind. Diese Männer waren noch gestern dasselbe wie alle anderen: Individuen, Einzelgeschöpfe, Zellen im großen Organismus des Erdengeschlechts, Einheiten in der Millionensumme, im Eintopfbrei. Und plötzlich sind sie ein Begriff geworden, eine platonische Idee, eine neue Vokabel im Wörterbuch der Menschheit, die sie auf einen Nenner gebracht haben. Alle diese großen Männer liefen ihr ganzes Leben lang, man könnte schon sagen wie die Irren, gegen eine Mauer aus Ignoranz und Schweigen an. Niemand verstand sie, niemand konnte sie verstehen, aufgrund der hirnmäßigen Begrenztheit ihrer Umgebung, sie wurden belächelt für ihre Methoden, wie auch als

Menschen. Welcher junge Forscher, dem es nur um das Wohl und den Fortschritt der Menschheit geht, der unter den größten Schwierigkeiten nur dem einen Ziele lebt, der reinen Wahrheit und nichts als der Wahrheit, wer ist unter Ihnen, meine werte Damen und Herrn, der nicht schon einmal diesen Todeshauch der Einsamkeit gefühlt hat, dieses eiserne Schweigen, das den einsamen Rufer der Wahrheit in der wissenschaftlichen Wüste der groben Gedanken umgibt, ausgebrütet von groben Gehirnen in ihren allzu vielen unfruchtbaren Stunden. Wer von Ihnen, meine Damen und Herrn, hat nicht schon einmal so gefühlt – und hat diesen Beruf doch ergriffen und ist diesen Weg doch gegangen. Auf Sie – und ich sage es nicht ohne Ergriffenheit – bin ich stolz. Aber heute haben wir auch wieder gesehen, dass die Wahrheit immer noch, nach einer Entwicklung von 3000 Jahren

Medizingeschichte, immer noch gegen die Mauer der Nörgler und Bedenkenträger Tag für Tag, fast zu jeder Stunde, verteidigt werden muss. Wir alle geben in diesem Kampf unser Letztes, wenn es sein muss auch unser letztes Hemd. Wir einsamen Rufer in der Wüste, wir Troubadoure der Wahrheit, werden hineinstechen, nadelstichartig hineinstechen wie die Hornissen in diese Herrschaft des Schweigens, diese Herrschaft durch Ignoranz *(blickt auf den Oberarzt)*. Und der größte Widerstand, auch das werden Sie in ihrer Laufbahn immer und immer wieder leidvoll erfahren müssen, wird Ihnen aus den eigenen Reihen, von den eigenen Leuten entgegengebracht. Immer und immer wieder ist es das Vertrauen, das man dem Mitarbeiter geopfert hat, das den Verrat nährt. Während Sie noch uneigennützig für Wahrheit und Wissenschaft kämpfen, schleicht Brutus bereits mit dem Messer durch ihr Zimmer und schärft die Klinge. *(Pause)* Wissen Sie, ich kann damit leben, wenn mir irgend so ein Wicht von außen in meinen Garten scheißt, ich meine, was geht es eine deutsche Eiche an, wenn ein Dackel sein Bein an ihr erhebt *(zieht sein Taschentuch und wischt sich den Schweiß von der Stirn),* aber dieser Widerstand aus den eigenen Reihen ist wirklich das Letzte, das Allerletzte, da brauchen Sie... in diesem Beruf, da brauchen Sie Nerven wie Drahtseile, am besten von der Stärke eines Unterarms. Aufgrund dieser vollkommen unfruchtbaren Auseinandersetzungen, diesen völlig überflüssigen Hahnenkämpfen, scheint es manchmal so, als ob die wichtigsten Leute, die Menschen, um deren Wohl wir Entbehrungen auf uns genommen haben und Ärzte geworden sind, die Patienten also, zu kurz kämen. Es war ein langer Kampf, und das können Sie mir glauben – ich habe ihn an entscheidender Stelle mitgefochten – bis in der Psychiatrie endlich der Mensch im Zentrum der Bemühungen stand. Diese Errungenschaft werde ich mir von niemandem mehr nehmen lassen. *(Pause)* So, aber ich fürchte jetzt fast, dass wir uns hier doch ein wenig verzettelt haben. Bleiben Sie hier, meine Damen und Herrn oder vertreten Sie sich kurz die Beine. Ich selbst muss mir die Hände waschen, mir ein bisschen H2O ins Gesicht schütten. Manchmal wünschte ich, wir könnten uns den ganzen Dreck genauso einfach von der Seele waschen. Wir sehen uns auf jeden Fall in wenigen Augenblicken wieder hier. Ich lasse es nicht zu, dass die ungeteilte Aufmerksamkeit, die wir unseren Patienten schulden, von unseren wissenschaftlichen Distortionen beeinträchtigt wird *(blickt auf die Uhr)*. Mann, o Mann, ist es schon so spät? Da haben wir uns doch etwas verzettelt. Wir müssen ja noch die beiden nächsten Fälle abarbeiten. Aber im Wesentlichen ist ja zu diesem Fall hier alles gesagt.

OBERARZT. Die Medikation steht fest.

PROFESSOR. Eben, das ist die Hauptsache.

ARZT. Wir müssen eh erst einmal abwarten, wie die Tabletten wirken. Dann sehen wir weiter.

PROFESSOR. Sehr vernünftig. Ich denke, warten wir erst einmal ein, zwei weitere Wochen ab, bevor wir dem Fall wieder unsere ungeteilte Aufmerksamkeit widmen. Bis dahin hat sich die Wissenschaft auch wieder auf einen neuen Stand gebracht. Ja, ja, meine Damen und Herrn, wir stehen vor rasanten

Entwicklungen. Beinahe stündlich ist mit neuen Durchbrüchen zu rechnen. Herr Oberarzt, wir müssen wieder in die Forschungsabteilung, denken Sie, dass wir die nächsten beiden Fälle etwas rascher abwickeln können als diesen hier, mit dem wir uns ja schon viel zu lange aufgehalten haben?

OBERARZT. Ich kann es Ihnen nicht sagen, Herr Professor. Ich hatte noch keine Zeit, mich mit den beiden anderen Fällen zu beschäftigen. Ich komme einfach nicht mehr dazu. Ich befinde mich in einem progressiven Zustand der Zerrüttung. Meine Kinder müssen ohne mich frühstücken. Meine Frau schneidet im Garten die Obstbäume mit der Gartenschere, allein.

ARZT. Ich denke, dass das kein Problem ist. Wir können's recht kurz halten. Bei der Frau

Geigenmüller handelt es sich im Wesentlichen um eine Hausfrau, die auf Kosten der Krankenkasse mal Urlaub von Mann und Kindern machen will. Und was der Herr Obersafter, der jetzt schon sieben Wochen da ist, eigentlich von uns will, ist mir noch überhaupt nicht klar geworden. Er ist eigentlich kerngesund.

PROFESSOR. Kerngesund? Ich kenne den Fall zwar auch nicht. Aber behalten Sie ihn lieber noch ein paar Wochen hier. Vielleicht ergeben sich noch Krankheitsbilder, die uns bis jetzt entgangen sind. Aber wir können ruhig noch einen raschen Blick auf die beiden Fälle werfen. Also, auf Wiedersehen, Herr Patient, und bleiben sie artig. Es wird werden, ein Mann wie ein Baum, das wäre ja gelacht. Kommen Sie, meine Damen und Herrn, mit dem sind wir fertig.

Szene 3

Beim Einmarsch Gemurmel: Ja, eben, das sehe ich genauso, so ist das, vielleicht, mal was anderes, einen Versuch ist's wert, da können sie nicht weit genug gehen, eine Unverschämtheit ist das, ja, zu bereifen ist das nicht u.s.w. bis sich aus dem dumpfen Gemurmel die helle und klare Stimme des Professors erhebt.

PROFESSOR. So, nun, wo waren wir denn stehen geblieben? Ah ja, Patient, äh…

ARZT. Schröder.

OBERARZT. Schneider.

PROFESSOR. Richtig, Schneider. Also wie geht's ihm denn heute?

PATIENT. Ja, also…

PROFESSOR. Ja, wissen Sie, so schnell kann's auch nicht gehen. Sie müssen sich etwas in Geduld üben, sie sind ja erst vier, fünf Wochen hier, da können wir noch nicht fertig sein mit Ihnen. Sehen Sie, wenn Sie glauben, schon so lange schizophren zu sein, bereits acht Monate…

OBERARZT *(müde)*. Acht Jahre, depressiv, nicht schizophren.

ARZT *(fällt Oberarzt ins Wort)*. Der Patient ist nicht schizophren, der Patient ist depressiv.

OBERARZT *(müde)*. Acht Jahre.

PROFESSOR. Ja eben, acht Jahre, depressiv. Sehen Sie, so was kommt ja nicht von heute auf morgen. Und geht auch nicht von heute auf morgen. Wissen Sie, wir sind gut, wir sind sogar sehr gut, mit Fug und Recht könnte man gar behaupten, dass wir die Besten sind. Aber zaubern, zaubern können wir nicht.

ARZT. Mein alter Professor an der Militärakademie sagte immer: Unmögliches wird sofort erledigt, Wunder dauern etwas länger.

PROFESSOR. Haha! Sehr gut, Herr Doktor, sehr treffend bemerkt.

OBERARZT *(mehr zu sich selbst)*. Ja, wirklich, sehr treffend. Eine ungeheuere Leistung, wenn man bedenkt, dass gar nicht gezielt worden ist.

PROFESSOR. Also junger Mann, haben Sie

Geduld. Es wird schon werden. Das Medikament braucht noch weitere ein bis zwei Wochen, bis es seine Wirkung zur Gänze entfaltet. Die neue Substanz erzielt bei der flächendeckenden Feldforschung in den USA ganz erstaunliche Ergebnisse, man könnte sogar sagen herausragende. Die Stimmungsaufhellung, die die Substanz bewirkt, soll faszinierend sein, von den ganzen anderen positiven Begleiterscheinungen ganz abgesehen. Wenngleich mir natürlich nicht die ungeheuren Möglichkeiten eingeräumt werden, die die amerikanischen Forscher ganz selbstverständlich an die Hand bekommen, so muss ich doch sagen, dass das Medikament sich auch in meiner Forschung bislang geradezu als Wunderwaffe erweist.

OBERARZT *(ironisch/zynisch (Regieanweisung wird im Folgenden nicht mehr angeführt)).* So kann man es auch sagen.

ARZT. So muss man es sogar sagen.

PROFESSOR. Aber natürlich müssen Sie mitarbeiten. Ordentlich und zupackend. Von nichts kommt nichts.

OBERARZT. Struktur.

ARZT. Tagesstruktur.

PROFESSOR. STRUKTUR ist das allerwichtigste. Wir haben hier ungeahnte Möglichkeiten. In unseren Werkstätten wird im Winter Christbaumschmuck gelötet, im Sommer werden Papiertüten gefaltet. Wenn Ihnen das nicht liegt, können Sie auch in unserem Keller Akten sortieren. In der Küche habe ich mir sagen lassen, werden noch eine ganze Reihe von Kartoffel- und Zwiebelschälern gebraucht, da können Sie sich auch eintragen lassen. Sie können natürlich auch in der Schreinerei arbeiten, das ist unsere absolute Vorzeigeabteilung. Vor wenigen Wochen durfte ich dort den Oberbürgermeister begrüßen, den ich über unsere wertvolle Integrationsarbeit, die wir in meinem Hause für die Gesellschaft leisten, ausführlich informieren durfte. In der Schreinerei habe ich gerade einen wunderschönen Abstelltisch für meine neue HiFi-Stereoanlage in Auftrag gegeben. Die Küchentabletts aus Holz sind eine ganz besondere Spezialität, können Sie sich noch an die Tabletts erinnern, meine Herrn?

ARZT. Ja, wirklich sehr nützlich. Meine Frau war ganz begeistert.

OBERARZT. In der Tat, sehr nützlich.

PROFESSOR. Ja, man kann sagen, dass beinahe jeder Mitarbeiter der Universitätsklinik ein hölzernes Küchentablett sein Eigen nennen kann. Und alles hergestellt von unseren Patienten. Das ist doch nett von denen, finden Sie nicht?

ARZT. Die Vorteile, die die Patienten davon haben, sind natürlich nicht zu unterschätzen.

OBERARZT *(angewidert)*. Sie übertreffen geradezu das Vorstellbare.

ARZT. In der Tat. Auf diese Weise kommt wieder Sinn ins Leben des Patienten, der Patient erfährt sich als wichtig und als angenommen. Wenn er das Tablett verschenkt, das er hergestellt hat, und in das freudeüberstrahlte Gesicht des Empfängers blickt, dann kann er sich wieder ganz als Mensch fühlen, als nützliches Glied, integriert in die Gesellschaft...

OBERARZT. ...eine feine Gesellschaft.

ARZT. In der Tat. Ein Mensch, der sich als nützlich erfährt, ist ein gesunder Mensch. In sane corpus... *(korrektes Zitat lautet: Mens sana in corpore sano.)*

OBERARZT *(schlägt ermattet die Hände vors Gesicht).* Nicht zu vergessen: die b a s a l e n W e r t e .

ARZT. Aber ja, Herr Oberarzt, auf die basalen Werte kommt es an, Ordnung, Sauberkeit, Disziplin. Die basalen Dinge müssen als erstes wieder ins Lot kommen. Wenn der Mensch seine elementaren Grundbedürfnisse wie Wohnen, Essen und Trinken selbstständig decken kann, dann muss er auch kein schlechtes Gewissen haben, wenn er sich am Sonntag mal vergnügt. Arbeit ist überhaupt das Wichtigste im Leben. Alles andere können Sie vergessen. Arbeit macht frei und beweglich, pustet die Lungen durch.

PROFESSOR. In der Tat, in der Tat, jedem das Seine. Arbeit, Tätigsein – DAS ist das einzig Wahre. Es gibt gar keinen Grund, sich hier zu verweigern. Arbeit gibt es für alle. Man muss natürlich wollen, das ist sozusagen die Grundvoraussetzung. Die Dümmeren können sich auf dem Bau verdingen, die Intelligenteren im Büro. Nur für die ganz Blöden sieht es derzeit etwas schlecht aus. Aber schauen Sie sich ihn an, meine Damen, meine Herrn, ein Mann wie ein Baum, und blöde scheint er mir ja nicht zu sein, oder? Also.

OBERARZT. Nicht zu vergessen: die Vergnügungen.

ARZT. Aber ja, Herr Oberarzt. Nach der Arbeit muss auch Zeit sein für das Vergnügen. Eine Ausgewogenheit ist sehr nützlich. Insbesondere beim Vergnügen heißt es, nicht aus dem Gleise treten. Dem Spaß nicht allzu sehr nachgeben.

PROFESSOR. Dienst ist Dienst, Schnaps ist Schnaps. Aber wir haben auch hinsichtlich der Vergnügungen ungeahnte Möglichkeiten in unserem Hause, zum Beispiel das Singen.

ARZT. Aber natürlich, Herr Professor, der Chor.

PROFESSOR. Der Patientenchor ist eine ganz herausragende Sache, wir haben eine ganz hervorragende Musiktherapeutin in unserem Haus. Welches war das Lied der Woche beim letzten Auftritt?

ARZT. Alle Vöglein sind schon da.

PROFESSOR. Richtig. Und welches Lied wird gerade einstudiert?

OBERARZT. Die Gedanken sind frei.

ARZT. Nein, ich glaube „Über den Wolken muss die Freiheit wohl grenzenlos sein."

PROFESSOR. Wie dem auch sei, ich freue mich immer über den allwöchentlichen Auftritt unseres Chors. Leider kann ich aus Zeitgründen nie daran teilnehmen.

OBERARZT. Bei alldem dürfen wir natürlich nicht außer acht lassen den zentralen Begriff der TAGESSTRUKTUR.

ARZT. Oh, aber natürlich, die T a g e s s t r u k t u r . Wenn der ganze Tag mit sinnvoller Tätigkeit angereichert ist, bleibt für dumme Gedanken gar keine Zeit mehr übrig, STRUKTUR…

PROFESSOR. STRUKTUR ist überhaupt das Wichtigste. Ohne Ordnung, keine Regel, ohne Regel keine Ordnung, keine Ehe, keine Kirche, kein Verein, keine Partei, kein Staat, kein Theater, nix. Ohne Ordnung ist nix, überhaupt rein gar nix, nix. Basale Werte, darauf kommt es an. Die Pyramide muss auf ihrer breitesten Fläche stehen und nicht auf der Spitze, nur so überdauert sie die Zeiten. Aber die Schwestern möchten etwas sagen, sie scharren schon die ganze Zeit mit den Hufen und, meine Damen, ich will Sie nicht länger zurückhalten. Die Schwestern haben den Patienten jetzt über vier Wochen lang genau beobachtet und können ein erstes Résumé ziehen. Sie sind ja viel näher dran am Patienten, als wir Ärzte es bei aller Liebe jemals leisten könnten. Sie können den Kranken in seinem Kern erfassen. Uns kann der Patient vielleicht eine Nase drehen. Und sich besser darstellen, als er ist. Aber den Schwestern entgeht nix, gar nix. Ohne die Meinung der Schwestern einzuholen, treffen wir grundsätzlich keine Entscheidung, auch nicht bei der Diagnose. An den Schwestern vorbei, gibt es keine Gesundung.

CHOR DER SCHWESTERN.

WIR SEHEN HIER DEUTLICH DASS DER PATIENT SEIN ZIMMER NICHT AUFGERÄUMT HAT DASS ER SEIN BETT GEMACHT HAT NOCH NIE DASS ER SEINE GEGENSTÄNDE HERUMLIEGEN LÄSST ACHTLOS DASS ER DEM PERSONAL GEGENÜBER DEN RESPEKT SCHULDIG BLEIBT DASS ER BEIM URINIEREN DIE SCHÜSSEL NICHT TRIFFT HIER VERMUTEN WIR ABSICHT DASS ER ARBEITSDIENSTE NUR WIDERWILLIG VERRICHTET STELLEN WIR FEST DASS ER SICH AN DIE WEIBLICHEN INSASSEN HERANPIRSCHT IST EINE TATSACHE DASS ER DEM TABAK UND DEM ALKOHOLE NICHT ABGENEIGT IST VERMUTEN WIR DEUTLICH ER TRINKT

TROTZ VERBOTS KAFFEE DAS HABEN WIR GESEHN ER SCHEISST AUF DIE ORDNUNG UNSERES HAUSES ER SCHEISST AUF DIE ORDNUNG DER WELT WENN ER GESCHISSEN HAT IST ES DIE PUTZFRAU DIE DEN STREIFEN WEGMACHEN MUSS IN DER TOILETTE AUCH HIER VERMUTEN WIR ABSICHT WAS IST DAS FÜR EINE ERZIEHUNG DIE DIESER MENSCH GENOSSEN HAT FRAGEN WIR UNS ZU JEDER STUNDE DIE AM TAG VERGEHT UNSER LIEBLINGSWORT HEISST ORDNUNG SEIN LIEBLINGSWORT IST SCHEISSE

ARZT. Oha! Mein lieber Scholli, starker Tobak.

PROFESSOR. Na, fein ist das nicht.

OBERARZT. Dass jemand Kaffee trinkt, hätte ich nicht für möglich gehalten.

PROFESSOR. Wie dem auch sei, das muss…

CHOR DER SCHWESTERN *(wendet sich an den Patienten).*

WIR SIND NOCH NICHT FERTIG WIR SIND AM ENDE NOCH LANGE NICHT MIT DEM SUBJEKT WIR GEBEN NICHT AUF WIR WEICHEN NICHT ZURÜCK WIR WAREN SCHON IMMER DA WIR STELLEN VOM KOPF AUF DIE FÜSS DAS SUBJEKT WIR SIND DIE FOTZEN DER ORDNUNG VERTRAUEN SIE UNS VERARSCHEN SIE UNS NICHT WIR SEHEN HIER DEUTLICH DASS SIE IHR BETT NICHT GEMACHT HABEN WEIL SIE IHR BETT NICHT MACHEN WOLLEN

ABER WIE MAN SICH BETTET SO LIEGT
MAN SCHAFFEN SIE ORDNUNG UM
SICH HERUM DAMIT DIE ZERSTÖRUNG
NICHT EINDRINGT IN IHRE SEELE SIE
HABEN DOCH EINE SEELE DA HABEN
WIR UNSERE ZWEIFEL DIE KÖNNEN SIE
NICHT AUS DER WELT SCHAFFEN MIT
EIN BISSCHEN ORDNUNG DAS GEBEN
WIR ZU HÖREN SIE AUF ZU SAGEN DAS
WORT SCHEISSE IN UNSEREM
ZUSAMMENHANG WIR WOLLEN DAS
WORT SCHEISSE NICHT MEHR HÖREN
IN UNSEREN WEISSEN FLUREN
SOLANGE SIE STRECKEN DIE FÜSS
UNTER UNSERE TISCHE SOLANGE
MACHEN SIE WAS WIR IHNEN SAGEN
WEIL WIR AM BESTEN WISSEN WAS
GUT FÜR SIE IST WIR WISSEN WIE SIE
NÜTZLICH WERDEN DAS WERDEN WIR
NUTZBAR MACHEN INDEM SIE TUN

WAS WIR SAGEN SCHAFFEN WIR ORDNUNG IN IHREM ZERSTREUTEN GEIST GEHORSAM IST DIE GRUNDLAGE DER GESUNDHEIT DAS FORDERN WIR EIN WENN SIE NICHT TUN WAS IHNEN GESAGT WIRD WERDEN SIE NIE EIN NÜTZLICHES GLIED IN DER GESELLSCHAFT DRAUSSEN WIR SIND ALLE NUR EIN RÄDCHEN IN DIESEM GERTRIEBE GANZ BESONDERS SIE DER SIE ANSOSNTEN GAR NICHTS SIND SEIEN SIE ÖL NICHT SAND IM GETRIEBE DER WELT DAMIT DIE MASCHINE DAMPFT DIE WIR NICHT AUFHALTEN WOLLEN UND SIE NICHT KÖNNEN GERADE VON IHNEN IST GAR NICHTS ZU ERWARTEN SIE TAUGEN ZU NICHTS AUCH NICHT ZUR REBELLION TIEF IN IHREM INNERN DARAN HALTEN WIR FEST HABEN AUCH SIE

EINE NÜTZLICHE SEELE DIE WERDEN
WIR BEFREIEN VOR DER ZEIT NEHMEN
SIE ABSTAND VOM WORT SCHEISSE IN
UNSEREM ZUSAMMENHANG SIE SIND
DER EINZIGE DER VOLL VON SCHEISSE
IST WERDEN SIE EIN NÜTZLICHES
GLIED IN DER MASCHINE DRAUSSEN
SONST HABEN SIE BALD
AUSGESCHISSEN DAFÜR SORGEN WIR
UND WENN NICHT WIR DANN ANDERE
DAFÜR IST GESORGT SIE KOMMEN NIE
VORAN IN DIESEM STAAT WENN SIE
KEINE SCHEISSE AN DER NASE HABEN
VOM VORDERMANN SO IST DIE NATUR
WAS WIR HIER LEHREN IST KEIN
KAMMERSTÜCK WAS WIR HIER
LEHREN IST DIE SYMPHONIE DER
SCHEISSE UNSERE SCHEISSE HEISST
ORDNUNG UNSERE SCHEISSE IST DIE
ALLEINSELIGMACHENDE SCHEISSE IN

DER WELT UNSERE SCHEISSE STINKT NICHT SIE IST WEISS WAS WIR HIER LEHREN IST KEIN KAMMERSTÜCK WAS WIR HIER LEHREN IST DIE SYMPHONIE DER SCHEISSE UNSERE SCHEISSE HEISST ORDUNG UNSERE SCHEISSE IST DIE ALLEINSELIGMACHENDE SCHEISSE IN DER WELT UNSERE SCHEISSE STINKT NICHT SIE IST WEISS.

ARZT. Eieiei, basale Werte, Herr Professor, sind hier in Frage gestellt.

PROFESSOR. Ich würde die Sache nicht so schwarz sehen. Der Patient leidet eben an einer Anpassungsstörung. Wenn er sich besser anpasst, dann wird das nachlassen. Ich vertraue den Schwestern. Sie haben noch immer gute Arbeit geleistet. Sie sind noch mit ganz anderen Fällen fertig geworden. Kaffee trinken, das sind doch Kinkerlitzchen. Dass er nicht arbeiten will, verstehe ich nicht. Aber es ist ja nicht gerade eine psychische Krankheit, wenn jemand ein faules Schwein ist. Und dass er nicht aufräumt, nun gut, meine Damen, meine Herrn – wer nicht aufräumt, wird früher oder später aufgeräumt, es ist eigentlich ganz einfach. Es ist nicht unsere Sache. Wir sind hier nicht zuständig. Was meinen Sie denn eigentlich dazu?

PATIENT *(will etwas sagen, wird aber nach einer Vorsilbe unterbrochen).*

PROFESSOR. Ich habe Sie zwar nicht gefragt, Herr Patient, aber sprechen Sie ganz offen und frei von der Leber weg sozusagen. Sie führen ja ohnehin seit ihrem Auftauchen das große Wort. Das ist mir berichtet worden. Aber bei uns steht eben der Patient im Zentrum unserer

Bemühungen. Auch Ihnen wird geholfen werden.

PATIENT. Die Schwestern übertreiben maßlos. Sie haben mich aufs Korn genommen. Sie wissen sich nicht zu benehmen. Sie zeigen keinen Respekt. Es sind Furien, Furien der Ordnung und der Zerstörung...

ARZT. Eieiei, was der da von sich gibt. Nur negatives, depressives, destruktives Zeugs, pfui Deibel, nichts Konstruktives. Das kann ja nichts werden mit dem.

PROFESSOR. Sohn, ich sag's ihm jetzt ganz deutlich. Er wandelt auf unguten Pfaden. Kehre er um, besinne er sich, dann blüht der Weizen. Wissen Sie, was Sie sagen, ist mir im Grunde egal, ich betrachte das mehr aus wissenschaftlicher Sicht. Ich hab hier schon den Kaiser von China und den König von Deutschland ausreden lassen. Aber wenn einer, so wie Sie, mein Personal beleidigt, dann sehe ich rot. Wissen Sie eigentlich, wie schwierig es ist, heutzutage geeignetes Personal zu finden? Neulich ist es mir nach einer zähen Verhandlung auf der Betriebstoilette gelungen, die polnische Putzfrau zur Oberschwester zu befördern. Das ist doch ein Job, den heutzutage niemand mehr machen will. Wir sind die Letzten, die sich noch uneigennützig für die Menschheit einsetzen und was ist der Dank, frage ich Sie?

OBERARZT *(stellt sich schützend vor den Patienten)*. Hasenstall.

PROFESSOR. Wie bitte?

OBERARZT. Es ist ein Hasenstall, Herr

Professor *(geht auf Professor zu und steckt ihm einen Zeigefinger in den Bauchnabel).* Erst dachte ich, es handele sich um einen Hosenstall. Aber es ist ein Hasenstall. Dass ich nicht früher drauf gekommen bin, das ist meine Schuld.

PROFESSOR. Wissen Sie, aus Ihnen werde ich nicht schlau. Was wollen Sie eigentlich von mir? Seit ich Sie eingestellt habe, üben Sie Vergeltung an mir. Am Anfang haben Sie schön brav das Maul gehalten, wie alle anderen auch, die ich einstelle. Wir haben gearbeitet wie die Löwen. Wir haben die Menschheit vorangebracht hinter den Kulissen. Wir waren ein unschlagbares Team. Aber vom Tage ihrer ersten Lohntüte an, arbeiten Sie ständig an unterirdischen Verschwörungen. Allein, dass niemand sich mit Ihnen verschwört, ist mein Verdienst. Ich habe meinen Laden nämlich im Griff. Sie finden keine Verbündete. Ihre Tage sind gezählt. Sie sind isoliert. Und dann werden Sie aussortiert. Aber bitte, Sie sprechen ja ausgesprochen gern in Rätseln, ergehen sich gern in dunklen Andeutungen, deswegen möchte ich Ihnen die Gelegenheit nicht versagen, uns ihr Gleichnis aufzudröseln. Sprechen Sie ruhig, so lange Sie noch jemanden finden, der Ihnen zuhört. Was meinten Sie sogleich mit dem Hasenstall?

ARZT. Hosenstall, Herr Professor, ich habe Hosenstall verstanden.

PROFESSOR. Das wundert mich nicht, Herr Doktor. Sie haben auch sonst noch nie etwas verstanden. Deswegen sind Sie ja auch so weit gekommen in diesem Staat. Wie ist's nun mit dem Hasenstall?

OBERARZT. Es ist eigentlich ganz einfach. Im Hasenstall gibt es Hasen. Die Hasen im Hasenstall fressen Milcherlinge. Zu spät habe ich aufgehört zu fressen. Dann scheißen die Hasen. Was dabei herauskommt, ist nicht fein. Und dann beklagen sich die Hasenzüchter, dass die Hasen geschissen haben. Sie stören sich an der Scheiße, die letztendlich ein Milcherlingsprodukt ist. Schon vor langer Zeit habe ich aufgehört, mich zu wundern über die Scheiße. Aber hier werden Choräle drüber gesungen.

ARZT. Pfui Deibel, Sie müssten sich mal reden hören!

PROFESSOR. Lassen Sie ihn nur. Ich habe ihn zwar auch nicht verstanden. Aber irgend etwas Bedeutendes muss es gewesen sein, wenn es ihm so wichtig damit war. Gott sei

Dank steht in meinem Haus der Patient im Mittelpunkt des Geschehens und nicht profilierungssüchtige Halbwissenschaftler, die das Nervenflattern bekommen, wenn Sie zu nahe am Patienten arbeiten. Ich habe immer und immer wieder davor gewarnt. Das färbt ab, wenn man diese ganzen Geschichten zu nahe an sich herankommen lässt. Vertrauen Sie wenigstens in diesem Punkt der Meinung eines alten Hasen der Psychiatrie, Herr Oberarzt! Wenn die Herren es aber vielleicht endlich gestatten wollten, uns wieder unserem eigentlichen Fall zuzuwenden, wäre ich Ihnen sehr verbunden. Oder hat vielleicht sonst noch jemand was zu berichten, vielleicht über die Nutztierhaltung, das Leben der Waldameisen oder das Leiden der Ratten im Labor? Fein, dass ist nicht der Fall, dann können wir jetzt endlich weitermachen. Unsere charmante junge Kollegin ist überhaupt noch nicht zu

Wort gekommen, weil Sie, meine Herrn, immer dazwischenquatschen und den Betrieb aufhalten. Sie hat unlängst unter mir eine ganz hervorragende Diplomarbeit in Psychologie geschrieben. Sie hat intensiv am Patienten gearbeitet. Ein großes neues Talent in meinem Stall, das kann man gar nicht anders sagen. Sie hat übrigens erst vor kurzem unter meinem Korrektorat eine ganz bedeutende wissenschaftliche Arbeit in einem ganz bedeutenden wissenschaftlichen Verlag veröffentlicht.

ARZT. Bravo!

PROFESSOR. Ja, das ist nur zu loben. Nehmen Sie sich ein Beispiel, meine Damen und Herrn. Es freut mich Ihnen mitteilen zu können, dass ich die junge Dame in meine Forschungsabteilung befördert habe.

Schließlich kann es nicht angehen, dass sich so ein charmantes und bedeutendes Talent Jahre lang an meinen Patienten abarbeitet und ihre Gaben dran vergeudet.

OBERARZT. Das wäre Perlen vor die Säue geworfen.

PROFESSOR. Es freut mich, Herr Oberarzt, dass Sie wieder anfangen, die Sache richtig zu sehen. Wenngleich mir die Ausdrucksweise, derer Sie sich hier befleißigen, nicht gefällt.

ARZT. Auch ich bin einverstanden.

PROFESSOR. Mit was?

ARZT. Mit dem Oberarzt.

OBERARZT *(seufzt)*. Auch schon was.

ARZT. Und mit Ihnen selbstverständlich, Herr Professor!

PROFESSOR. Ich weiß nicht recht, wie ich das deuten soll, Herr Doktor. Sie sind grundsätzlich mit allem einverstanden. Das ist sehr angenehm. Aber es irritiert mich. Aber wollen wir jetzt vielleicht endlich mal die hübsche Dame zu Wort kommen lassen. Bitte schön, Fräulein, nur zu.

PSYCHOLOGIN. Ich habe in den letzten Wochen intensiv mit dem Patienten gearbeitet, vor allem verhaltenstherapeutisch. Und tiefenpsychologisch fundiert...

ARZT. Und, was ist dabei herausgekommen?

OBERARZT. War es arg schlimm, hatten Sie zu leiden?

PSYCHOLOGIN. Nein, eigentlich nicht. Es hat mir teilweise sogar Spaß gemacht.

OBERARZT. Soso, charmant.

PROFESSOR. Jetzt hören Sie endlich auf, die Dame zu bedrängen, meine Herrn, das ist ja wie im Kindergarten! Und Sie, Herr Doktor, wollen Sie vielleicht auch noch ihren Senf dazugeben? Fein, dann lassen Sie's! Bitte Fräulein, fahren Sie fort!

PSYCHOLOGIN. Ich habe mit dem Patienten in den letzten Wochen sehr intensiv gearbeitet, verhaltenstherapeutisch. Und tiefenpsychologisch fundiert… Aber, ich weiß nicht, wie ich sagen soll, der Patient wirkte phasenweise so zugeknöpft, es war schwer an ihn heranzukommen.

PROFESSOR. Ha! Das kann ich mir leibhaftig vorstellen. Ein Mann wie ein Baum, schwer ranzukommen. Aber bitte, mein Kind, ich wollte Sie nicht unterbrechen, fahren Sie fort!

PSYCHOLOGIN. Ja also, in den letzten Wochen habe ich ganz intensiv mit dem Patienten gearbeitet. Vor allem auf der tiefenpsychologischen Ebene habe ich versucht, mich ihm zu nähern und an ihn heranzukommen *(Oberarzt will lauthals losprusten, kann aber noch an sich halten, Arzt kämpft ebenfalls mit dem Lachen, sieht aber, dass der Professor das nicht komisch findet und reißt sich zusammen)*. Auch meine mir über die Jahre angelesenen und vielfach vertieften Kenntnisse in den filigranen Techniken der Transaktionsanalyse *(Oberarzt bricht lachend zusammen, Arzt versucht krampfhaft, sich nicht anstecken zu lassen, hilft Oberarzt auf die Beine, Psychologin beendet irritiert ihren Satz)* waren mir dabei sehr behilflich... eigentlich kaum.

PROFESSOR. Das kann doch nicht die Wahrheit sein! Jetzt langt es mir aber endgültig mit diesem, diesem Subjekt!

OBERARZT *(kugelt sich auf dem Boden, scheint jetzt auch wie angesäuselt zu wirken, keinesfalls jedoch besoffen; da er immer wieder losprusten muss, teilweise kriecht er auf allen Vieren und schlägt mit der flachen Hand auf den Boden, sind nur einzelne Teile seiner Rede verständlich).* Transaktionsanalyse... tiefenpsychologisch fundierte Annäherung... charmant... filigran vertieft... absolute Gesprächsneurose... tief fundiert... charmant...bitte schön, Fräulein, nur zu...hübsches Talent...

außergewöhnlich... charmant...

PROFESSOR. Jetzt reißen Sie sich aber mal zusammen, Mensch! Denken Sie doch an die jungen Menschen. Sie sind immer noch Wissenschaftler und haben eine Verantwortung!

OBERARZT. Herr Professor, Sie sind ein Schelm, Vertiefung, Herr Professor, Vertiefung! Eine tiefe Vertierung der Tiefen, um nicht zu sagen der Untiefen, charmant, die Untiefen der Seele sozusagen, das Tier unter der Haut, war's nicht so, Professor, dem Tier das Fell über die Ohren ziehen, Resultat: das Tier ohne Haut, war's nicht so, Professor?

PROFESSOR. Jetzt ist's so weit. Seit Jahren habe ich schon das Gefühl, ausschließlich von Irren umgeben zu sein. Aber man sieht es ihnen nicht an, man sieht es ihnen von außen einfach nicht an.

OBERARZT. Tiefe, Herr Professor, Tiefe, tief, tief, tief im Tier, verstehe ich Sie richtig? Sie haben doch immer gesagt HIRN, PHYSIOLOGIE, HIRNPHYSIOLOGIE, organische Ursache, Professor, nix Sara, nix Oedipus, nix Schwanzus Longus, in Leiche sane, va bene, organische Ursache, CHEMISCHER KOMPLEX, Medizin, Medikation, Medikament, Tablette, Dosis, doppelte Dosis, dreifache Dosis, vierfache Dosis, warum eigentlich nicht fünffach, Professor, sechsfach, eigentlich? Trivium, Trivium, TRIVIUM, 75 mg, 150 mg, 225 mg, 300 mg, 375 mg, 450 mg, Professor, war's nicht so?

PROFESSOR. Also beim besten Willen, ich

kann in dem Gestammel dieses, dieses Paralytikers keinen Sinn ausmachen, beim besten Willen nicht. Auch eine Kapazität wie ich stößt hier an ihre Grenzen. Schwester, Schwester, eine der Schwestern bitte, schnell, laufen Sie, holen Sie eine Spritze, eine große Spritze mit Haldol, Haldol muss her. Unter Haldol hätten wir selbst Jesus Christus von seinen Wahnvorstellungen heilen können. Wir hätten den brennenden Busch gelöscht, glauben Sie mir.

SCHWESTER *(bevor Sie losrennt)*. Haldol, Herr Professor, jawohl, wird erledigt, welche Dosis, Herr Professor?

PROFESSOR. Hä?

SCHWESTER. Haldol, Herr Professor, welche Dosis, Haldol, Herr Professor, wie viel?

PROFESSOR. Die doppelte Dosis, einen halben Liter, drei, bringen Sie so viel wir davon haben, bevor das Phänomen statisch wird und sich zur Epidemie ausweitet.

OBERARZT. Ha, ha, ha, hören Sie, wie ich lache, Herr Professor, hahaha, tiefenpsychologisch fundierte Filigrantechnik, nein, Herr Professor, wie süß, geradezu charmant, wollen Sie nicht auch mit mir ein bisschen transaktionsanalyisieren *(streckt ihm die Backe hin für einen Kuss)* na, was ist? *(Professor zeigt sich angewidert)* Ich halt ihnen auch die andere Backe hin, charmant, n'est-ce pas? Tiefenpsychologisch fundierte Filigranannäherung, wollen's ein Tänzchen mit mir wagen um den Blocksberg, Herr Professor, warum denn nicht, hier steht doch alles auf dem Kopf und tanzt und tanzt und tanzt! Frau Schwester, wann werden's eigentlich Oberschwester, Frau Schwester, ich hätte noch einen Ober abzugeben, mühelos, geradezu so nebenbei, so mir als dir nichts, charmant, charmant, transaktionsanalytisch betrachtet geradezu honigkuchenpferdartig süß, Hobbys: Reiten, Fahrradfahren und Transaktionsanalysieren, das beste Pferd im Stall, tiefenpsychologisch fundiert, charmant, wollen Sie vielleicht ein Tänzchen mit mir wagen, Frau Psychologin, charmant?

PROFESSOR. Nehmen Sie gefälligst ihre Griffel weg von meinem besten Stück, Sie blöder Wichser!

ARZT. Wo bleibt denn das Haldol?

OBERARZT. Nein, auch nicht. Der Papa hat's verboten, gell? Kaum zu glauben, das beste Pferd im Stall und will nicht so ein kleines bisschen mit den Hufen scharren, süß, geradezu charmant, wie lieblicher Wein. Wo bleibt eigentlich das weiße Brot dazu? Dann muss ich mir wohl einen alten Gaul suchen, A KINGDOM FOR A HORSE, A KINGDOM FOR A HORSE, Schwester, wenn ich Sie so betrachte, wird mir ganz schwuffelig zu Mut, sie sind doch sicherlich das zweitbeste Pferd im Stall, zumindest solange er noch nicht ausgemistet ist *(wirft Schwester zu Boden und sitzt auf, ahmt galoppierendes und wieherndes Pferd nach)* und da reitet sie auf ihrem weißen Schimmel durch Heid und Weid, ihr Pimmel, Herr Professor, geht mir am Arsch vorbei, A KINGDOM FOR A HORSE, A KINGDOM FOR A HORSE, galopp, galopp, galopp, galopp, galopp, galopp *(steigt ab, küsst Psychologin auf die Backe).* Ich will die Liebe in Eure Herzen säen, ganz besonders in das Ihre, Herr Professor! Ich schau durch Deine

Maske, Fatzke!

PROFESSOR. Jetzt machen Sie endlich auch mal was, Doktor, und stehen Sie nicht nur blöd in der Gegend rum. Schnappen sie sich den Burschen und werfen sie ihn zu Boden. Wenn er noch einmal das unschuldige Kind anfasst, dann hauen Sie ihm eine aufs Maul, vielleicht hört er dann zu wiehern auf *(Doktor stürzt sich auf Oberarzt, erhält Unterstützung von den Schwestern).*

OBERARZT. Gewissen, Professor, Gewissen macht Feiglinge aus uns allen.

SCHWESTER *(stürmt Zimmer Spritze aufziehend, jagt sie Oberarzt in den Hintern, Oberarzt sackt zusammen, liegt glücklich wie ein Maikäfer auf dem Rücken).* Bittscheen, Herr Professor, jetzt haben wir's ihm endlich gegeben.

ARZT. Nötig war's ja schon lang.

PROFESSOR *(braucht einen Moment, sich zu fassen)*. WHAT A NOBLE MIND IS HERE OVERTHROWN. Des Gelehrten Zunge, meines Staates Blum und Hoffnung, dahin, dahin, der Sitte Spiegel und der Bildung Muster, ganz, ganz dahin, die edle, hochgebietende Vernunft misstönend wie verstimmte Glocken jetzt, durch Schwärmerei zerrüttet, dahin, dahin. Dieser Mann rechnete einfach nicht mit den vorhandenen Möglichkeiten, ließ sich anstecken von der kranken Saat, die kranke Brut hat auf ihn abgefärbt. Was Sie hier sehen, meine Damen und Herrn, ist eine Tragödie! Ich finde keine Worte...

ARZT. Aber, Herr Professor, was reden Sie denn da? Jetzt haben wir ihn endlich los, diesen Miesmacher, diesen Bremsklotz der Geschichte, der immer und überall was auszusetzen hatte. Jetzt können wir endlich machen, was wir wollen.

PROFESSOR. Sie verstehen mal wieder gar nix, Herr Doktor. Mit Arschkriechern alleine können Sie keine Geschichte schreiben, mit einem ganzen Volk von Arschkriechern erst recht nicht. Auch wenn die Arschkriecher eine wichtige Funktion haben in der Geschichte, das gebe ich mit Blick auf ihre Person, die ich sehr schätze, zu, aber mit Arschkriechern alleine machen Sie keinen Staat, nicht einmal ihren eigenen, geschweige denn einen anderen.

ARZT. Jetzt verstehe ich überhaupt nichts mehr.

PROFESSOR *(resigniert)*. Das wundert mich nicht. Sie verstehen ja auch sonst nichts, deswegen habe ich Sie ja eingestellt, das Nichts ist ihre herausstechenste Charaktereigenschaft, sozusagen ihr Alleinstellungsmerkmal. Aber wozu noch Worte verlieren angesichts dieser Tragödie, dessen betrübliche Zeugen wir hier geworden sind... Aber bitte, Fräulein, wir sind Wissenschaftler und können uns von den Betriebsunfällen der Geschichte nicht von unserem Weg abbringen lassen. Außerdem gebührt es der Anstand, auf den in unserer Zeit immer weniger Wert gelegt zu werden scheint, dass wir Sie ausreden lassen. Also, ich meine, was ist dabei herausgekommen, bei ihrer intensiven Arbeit mit dem Patienten *(wischt sich den Schweiß von der Stirn)?*

PSYCHOLOGIN *(irritiert)*. Ich, ich, ich weiß

nicht.

PROFESSOR *(genervt)*. Na, schizophren ist er nicht, darauf können wir uns doch einigen!

PSYCHOLOGIN *(irritiert)*. Nein, schizophren ist er nicht, mit Sicherheit nicht. Er ist eigentlich ganz normal, erschreckend normal, fast herzlich, gütig, sanft.

PROFESSOR. Jetzt bleiben Sie doch bei der Sache, Kind! Wenn Sie in diesem Geschäft was werden wollen, dann können Sie sich doch nicht von jedem x-beliebigen durchs Zimmer galoppierenden Psychotiker ablenken lassen! Ist ihr Patient also depressiv, ihrer Einschätzung nach, Madame?

PSYCHOLOGIN. Ich denke, ich glaube, ich denke, ich glaube, ich glaube zu wissen, dass im Prinzip, ich meine aber: nein. Es ist nur so, ich meine, ich denke, ich glaube, ich weiß, ich weiß nicht *(Professor macht Gesten starker Ungeduld, Psychologin presst daraufhin maschinengewehrartig den Satz zu Ende)* dass er neben einer depressiven Verstimmung und Angstzuständen starke Probleme in der Beziehungsgestaltung hat, die sich in sehr starren, dysfunktionalen Interaktionsmustern widerspiegeln. Die Problematik im Interaktionsverhalten...

PROFESSOR *(winkt ab)*. Danke, genügt. Ich denke, für heute haben wir wirklich genug gehört. Und gesehen. Der Medizinische Dienst, das Überwachungsgremium der Krankenkassen, sitzt uns sowieso schon im Nacken, diese widerlichen Spitzel haben die Sorge, dass sie für den Patienten zu viel berappen müssen. Effizienz, Effizienz, was wissen diese Versager, denen es immer nur um ihr Geld geht, von Effizienz! An der Front sieht die Sache doch immer etwas anders aus, als in der Etappe des Gesundheitssystems! Ich darf den von mir allseits geschätzten Gelehrten Clausewitz zitieren: Die ersten fünf Minuten einer Schlacht zerstören jeden Plan. *(Im Abgang)* Nein, heute bin ich wirklich mitgenommen, geradezu erschüttert, vielleicht sollte ich mich zur Ruhe setzen. Aber bei diesen Nachfolgern! Es wird mir wohl nix anderes übrig bleiben, als noch zwanzig Jahre dranzuhängen. Sonst kommt das Wesen der deutschen Psychiatrie vollends auf den Hund.

Szene 4

Auftritt Professor, Gefolge. Arzt tritt jetzt in der Funktion des Oberarztes auf, nachdem dieser verschwunden ist. Die Funktion des Arztes wird jetzt von einer der Schwestern (Spritzenliesel aus der vorangegangenen Szene) wahrgenommen.

PROFESSOR *(erschrickt).* Jesus Maria, der schon wieder! Wie geht's ihm denn heute?

PATIENT *(will etwas sagen, wird aber nach einer Vorsilbe unterbrochen).*

ARZT. Es geht ihm wesentlich besser.

SCHWESTER. Es geht dem Ende entgegen. Der Patient steht vor seiner vollständigen Gesundung.

PROFESSOR. Das freut mich außerordentlich, dies zu hören. Der Medizinische Dienst hat mich heute schon wieder angerufen. Nach neunwöchiger Behandlung können wir die Krankenkasse des Patienten höchstens noch ein bis zwei Wochen abkassieren. DANN müssen wir entlassen.

ARZT. Das kriegen wir hin. Sie sehen ja, dass der Patient bedeutende Fortschritte gemacht hat.

SCHWESTER. Na ja, der Patient ist immer noch etwas eigenwillig. Er stört die Stationsgemeinschaft, benimmt sich teilweise noch immer, wie er sich nicht benehmen sollte. Hat zwar diesbezüglich schon bedeutende Fortschritte gemacht, verfügt aber immer noch über einen Restbestand, an den schwer ranzukommen ist. Aber das kriegen wir hin, seien Sie zuversichtlich, Herr Professor. Sie wissen ja, es ist ein schwieriger Fall. Er will noch immer zu allem seinen Senf dazu geben, das haben Sie ja selbst schon bemerkt, als wäre er das Zentrum der Welt.

ARZT. Ja, als ginge es hier um ihn, habe ich manchmal fast den Eindruck. Er denkt immer noch zu viel, das macht mir Sorgen.

PROFESSOR. Ja, das ist tragisch. Ein Mann wie ein Baum. Und sieht ganz verhetzt aus. Na ja, es kann natürlich auch an der Hitze liegen. Ein wunderbarer Sommertag, finden Sie nicht auch, meine Damen, meine Herrn? Nur werden die Sonnenstrahlen durch die Panzerglasscheiben extrem intensiviert *(zückt sein Taschentuch, wischt sich den Schweiß von der Stirn)*. Ich habe manchmal den Eindruck, mich in einer finnischen Sauna zu befinden.

Und nur darauf zu warten, wie das Karnickel vor der Schlange, dass jemand kommt und mir einen Aufguss verpasst, damit die Sache noch heißer und unerträglicher wird. Aber auf das Sicherheitsglas sind wir unbedingt angewiesen. Von den 500.000 Insassen, die wir im Jahr in den psychiatrischen Kliniken herumsitzen haben, kommen 5.000 nicht mehr lebend raus. Wussten Sie das, meine Damen und Herrn?

ARZT. Wo haben Sie denn das her? Das halte ich für völlig überzogen.

PROFESSOR. Na, fein ist das nicht. Stammt aus dem Statistischen Jahrbuch. Nun ja, denken Sie an die ganzen Fälle aus der Gerontopsychiatrie. Aber selbst wenn wir die Alten abziehen, die als nützliche Mitglieder der Gesellschaft ohnehin nicht mehr in

Betracht kommen, bleibt in der Hauptsache immer noch ein hoher Prozentsatz an jungen, teils wirklich wertvollen Leuten, die uns gefährlich werden können. Ich meine, verstehen Sie mich nicht falsch, wir sind ja unschuldig, wenn sich jemand umbringt. Ich habe auch ethisch nix dagegen. Ich bin ja Wissenschaftler und kein Priester. Aber es müsste ja nicht gerade hier bei uns sein.

ARZT. Nach der Entlassung zu Hause, das ist in Ordnung, so lange könnten sie doch wenigstens noch warten.

PROFESSOR. Ja, oder sich wenigstens beurlauben lassen, dann fällt der Fall auch aus der Statistik heraus. Und alles, was sich nicht statistisch, also rein wissenschaftlich erfassen lässt, ist kein Problem für uns, es ist sozusagen nicht vorhanden. Aber trotz aller

Sicherheitsvorkehrungen um uns herum, um uns gegen diese tragischen Zwischenfälle zu schützen, kommt es immer wieder vor, dass jemand unsere Gastfreundschaft missbraucht und sich hier umbringt.

ARZT. Das hat ja nichts mit uns zu tun. Wenn es wirklich jemand darauf anlegt, uns einen Schaden zuzufügen, dann ist er nicht aufzuhalten.

PROFESSOR. Wenn es wirklich jemand darauf anlegt, kann man nix machen. Erinnern Sie sich an diesen Fall, an diesen jungen Mann von neulich, bricht bei uns aus…

ARZT. …bricht bei uns aus, bricht im Zoo ein, dann bricht er in den Schlangenkäfig ein. Und lässt sich beißen.

PROFESSOR. Lässt sich beißen, können Sie sich das vorstellen, meine Damen und Herrn, lässt sich beißen von einer Diamantklapperschlange. Um ganz auf Nummer sicher zu gehen, bricht er in ein zweites Terrarium ein und stattet der Südmalaysischen Grubenotter auch noch einen Besuch ab. Ich war neulich mit dem Zoodirektor beim Golfen. Eine ganz tragische Sache. Die Grubenotter musste einen Spezialverband um ihre Giftzähne tragen und wurde zwei Wochen in Quarantäne gestellt, so sehr hatte sie die Sache mitgenommen. Inzwischen hat sich ihr Befinden, wie ich hörte, wieder gebessert. Aber was macht der Kerl dann?

ARZT. Er bricht wieder bei uns ein.

SCHWESTER. Ausgerechnet bei uns.

ARZT. Er läuft aus dem Zoo wieder zurück und bricht wieder bei uns ein. Dann legt er sich von aller Welt unbemerkt zum Sterben in sein Bett.

SCHWESTER. Wenn ich ihn nicht gefunden hätte, wenn ich ihn nicht gefunden hätte, dann wäre er bei uns gestorben.

ARZT. Und nicht in der Inneren Abteilung. Dann wäre er bei uns in der Statistik gestanden. Und nicht bei denen, wo eine Leiche mehr oder weniger gar nicht ins Gewicht fällt.

PROFESSOR. Nun ja, es hat alles seine Vor- und Nachteile. Ich war neulich mit dem Leiter der Chirurgischen Abteilung auf einer Südamerikarundreise, Montevideo am Atlantik, ganz mediterranes Klima, kann ich

Ihnen sagen, wenn der ausnahmsweise mal danebenschnipfelt und einer geht drauf dabei, dann hat der arme Mann sehr schnell die Kunstfehlerdebatte am Hals, womöglich noch die Presse, das Fernsehen und das ganze Zeugs. Die Angehörigen tauchen wahrscheinlich auch noch auf und jammern rum, führen zu Herzen gehende Szenen auf. Womöglich erscheint gar noch irgend so ein Winkeladvokat auf der Bildfläche. Dessen Bemühungen verlaufen zwar zumeist gottlob im Sande - wo kämen wir hin, wenn jeder einen Arzt anklagen könnte - aber man hat doch seine Scherereien damit und wird von wichtiger Arbeit abgehalten. Andererseits, wenn Sie ihr Skalpell beim Zunähen in der Bauchhöhle vergessen haben und da sind ihre Fingerabdrücke drauf, dann dürften Sie Probleme haben zu beweisen, dass Sie's nicht gewesen sind. Wenn sich dagegen jemand, anstatt vom Baum der Erkenntnis zu essen, gleich von der Schlange beißen lässt, dann sind sie aus dem Schneider.

ARZT. Wenn jemand sich dagegen vom Hochhaus fallen lässt, ist unschwer festzustellen, dass es die Schwerkraft war, die ihn zu Fall gebracht hat. Wenn jemand einen Haufen Tabletten schluckt, liegt es auf der Hand, dass es die Gesamtwirkung war, die zum gewünschten Ergebnis führte und nicht die einzelne Tablette. Wenn jemand sich eine Schlinge um den Hals knotet und vom Stuhl springt, wird es in der Regel nicht das Bein sein, dass er sich dabei bricht.

SCHWESTER. Wenn jemand mit dem Auto gegen den Baum fährt, obwohl er unter dem Einfluss von Medikamenten steht und er noch dazu gar keine Fahrerlaubnis besitzt, weil ihm diese wegen Fahrens unter Medikamenteneinfluss bereits entzogen worden ist... Also so etwas tut man doch nicht!

PROFESSOR. Ein Vorteil ist beispielsweise, dass das Problem mit den zeternden Angehörigen bei uns meist wegfällt. Die sind in aller Regel froh, den Versager endlich losgeworden zu sein, wenn auch auf unfeine Weise. Selbst wenn dem nicht so ist, werden Sie in aller Regel keinen Tumult veranstalten oder dumme Fragen stellen, dafür schämen sich die Leute viel zu sehr und sind außerdem noch mit ihren eigenen kleinen Schuldkomplexen behaftet. Oder wie mein alter Lehrer an der Universität, Prof. Dr. Dr. Wesendonck, immer sagte: SCHAM SCHÜTZT DIE UNVERSCHÄMTEN. Wie dem auch sei, ich bin jedenfalls

Wissenschaftler und will mich nicht an der Umwandlung eines rein statistischen Phänomens in ein ethisches beteiligen, damit soll sich die nächste Glaubenskongregation beschäftigen oder sonstige Schwätzer, die ja immer die Eigenschaft haben, wenn Ihnen das schon einmal aufgefallen sein mag, im Plural aufzutreten und sich in irgendwelche Dinge hineinzusteigern, von denen Sie nichts verstehen. Diese Leute kämpfen ihr ganzes Leben lang für die Gerechtigkeit, bis sich der Sargdeckel auch über ihnen schließt, Donnerwetter, sagen sie dann, das ist aber ungerecht! Aber, ich fürchte wir sind etwas vom Thema abgeschweift. Auch wenn ich nach wie vor behaupten möchte, dass es gerade die Abschweifungen sind, die uns über seltsame Umwege doch noch zum Ziele führen, stärker im Übrigen noch, als wenn wir das Tor der Erkenntnis sozusagen im

Direktflug auf Autopilot angesteuert hätten. Gerade hiermit bereiten wir unsere jungen Kollegen und Kolleginnen in adäquater Weise auf ihren entbehrungsreichen Beruf vor. Es nützt ja nix, wenn wir diesen jungen Menschen Sand in die Augen streuen über die ungeheuren physischen und psychischen Belastungen, die auf sie zu kommen werden. Wohin es führen kann, wenn man diese nicht immer leicht zu handhabenden Fälle, die sich hier versammeln, zu nahe an sich herankommen lässt, haben wir ja vor drei Wochen am tragischen Beispiel des Oberarztes gesehen, dem ich eine glorreiche wissenschaftliche Karriere in meinem Haus und damit weltweit bereits zugesichert hatte. Wir sind einen langen, aufopferungsvollen Weg nicht ohne Rückschläge gegangen von der reinen Verwahrpsychiatrie früherer Dekaden und Jahrhunderte, hin zu unserem heutigen mitmenschlichen Miteinander zwischen Arzt und Patient als eine Art von Gleichberechtigung unter mündigen Staatsbürgern. Leicht war es nicht, das können Sie mir glauben, ich bin in dieser Bewegung für die Humanität in vorderster Reihe mitmarschiert, um nicht zu sagen geradezu vorausgestürmt als deren Fackelträger. In meinem neuen Buch habe ich ausführlich davon berichtet. Mit dieser Veröffentlichung wird auch nochmals deutlich werden, dass die Einführung der Menschlichkeit in der Psychiatrie – Reformen hin oder her – gar nicht möglich gewesen wäre, ohne die entscheidenden Durchbrüche auf dem Gebiete der modernen Psychopharmakologie, an denen ich an nicht unmaßgeblicher Stelle entscheidend beteiligt war – und bin. Von unserer Forschungsarbeit kann die Menschheit auch in Zukunft geradezu Großartiges erwarten. Wohlan, werte Damen und Herrn, ich lade Sie alle dazu ein, reihen Sie sich ein in die neue Menschheitsfront. Wir stehen am Beginn und blicken in eine große Zukunft *(Applaus).* Dennoch dürfen wir nie aus den Augen verlieren, dass bei uns der einzelne Mensch im Zentrum der Bemühungen steht. Also, wie geht's ihm denn?

PATIENT *(will etwas sagen, wird aber nach einer Vorsilbe unterbrochen).*

ARZT. Wesentlich besser. Wir haben ganze Arbeit geleistet. Wir können ihn entlassen.

SCHWESTER. Ich spreche im Namen des gesamten Personals. Auch wir plädieren geschlossen dafür, den Patienten zu entlassen und denken, dass wir den Rahmen unserer Möglichkeiten vollständig ausgeschöpft haben.

Hätte der Patient einen Funken Kooperationsbereitschaft besessen, wäre es ihm noch viel schneller so gut gegangen, wie es ihm heute geht, nachdem wir fertig geworden sind mit ihm.

PROFESSOR. Das freut mich außerordentlich, dies zu hören. Auch ich bin der vollständigen Überzeugung, dass der Patient ausgeheilt ist. Aber was sagt er denn selbst dazu, schließlich ist er der wichtigste Mensch hier und steht im Zentrum unserer Bemühungen?

PATIENT. Mir geht es wesentlich schlechter als zu Beginn der Therapie.

PROFESSOR. Was hat er gesagt?

ARZT. Och, das ist so ein neuer Spleen von ihm. Er ist der Meinung, die Therapie habe ihm geschadet. Das stimmt natürlich nicht, es geht ihm wesentlich besser, das sehen Sie ja selbst.

SCHWESTER. Wesentlich besser, gar kein Vergleich zum Beginn der Therapie. Obwohl er sich immer dagegen gewehrt hat, hat der Patient eine hervorragende Entwicklung hinter sich. Wenn er sich noch ein bisschen besser einfügen lässt in die Gesellschaft. Und seine Tabletten weiterhin fleißig, regelmäßig, punktgenau zu sich nimmt, ist seine vollständige Gesundung kaum mehr aufzuhalten.

PROFESSOR. Ja, ja, so ist das ja oft bei psychischen Erkrankungen, oder sagen wir besser bei seelischen Wehwehchen, denn wirklich krank scheint er mir ja nicht zu sein, wäre ja auch noch schöner, ein Mann wie ein

Baum und krank will er sein! Aber wie gesagt, es ist oft so, dass die wesentlichen Schritte in der Persönlichkeitsentwicklung, also die Abwendung vom Unbrauchbarsein und wieder brauchbar werden, mithin die Abwendung vom Negativen und die Hinwendung zum aufbauend Positiven, vom Patienten viel schlechter bemerkt wird, als von Außenstehenden, die die großen Fortschritte des Patienten in der Regel viel rascher erfassen, als dieser selbst.

ARZT. Einer Entlassung steht also nichts mehr im Wege?

PROFESSOR. So würde ich das nicht sehen. Ein bis zwei Wochen länger können wir seine Krankenkasse schon noch belasten. Wir könnten ihn aber auch gemäß seiner großen psychischen Fortschritte in die Tagesklinik stecken, dann schläft er zu Hause. Das hätte den Vorteil, dass hier die Betten schneller leer würden, sodass wir dann unverzüglich mit der dringend überfälligen Renovierung der Räumlichkeiten auf diesem Stockwerk beginnen könnten. Und die Krankenkasse freut sich auch über die großen Fortschritte des Patienten, eine Tagesklinik ist ja doch viel günstiger als der vollstationäre Vollzug. Auch ist es nicht so personalintensiv, da kann man die Leute zwischendrin schon ein paar Stunden herumsitzen und Däumchen drehen lassen. Sie müssen eben dort nur genau Bescheid geben über die verordnete Medikation. Das ist das Wichtigste.

ARZT *(notiert)*. Eben, das Wichtigste.

PATIENT. Die Tabletten sind für den Arsch gewesen.

SCHWESTER. Jetzt sprechen Sie doch nicht dauernd dazwischen, wenn sich die Herren wichtige Gedanken über ihre Zukunft machen. So etwas tut man doch nicht!

PROFESSOR. Was hat er gesagt?

ARZT. Och, das ist so ein neuer Spleen von ihm. Er ist der Meinung, die Tabletten hätten ihm geschadet. Er ist sogar so weit gegangen, dass er seine alte Medikation einforderte, die ihm sein Hausarzt verordnet hatte, mit dieser sei es ihm noch besser gegangen, was natürlich nicht stimmen kann.

PROFESSOR. Das soll wohl ein Witz sein? Woher sollte ein gewöhnlicher Hausarzt wissen, was einem Patienten mit psychiatrischen Ausfallerscheinungen gut tut? Das wäre ja noch schöner, wo kämen wir dahin?

SCHWESTER. Vehement, Herr Professor, vehement, hat er seine alte Medikation eingefordert, obwohl diese völlig unsinnig ist und er mit dem neuen Medikament in kürzester Zeit großartige Fortschritte gemacht hat, wie wir alle hier sehen. Aber er will es einem einfach nicht glauben. Stellen Sie sich das vor: Da ist jemand geheilt und will es nicht glauben. Er ist wieder gesund und will es nicht wahrhaben. Sie sollten ihm ins Gewissen reden, Herr Professor, vielleicht glaubt er ihnen mehr als uns.

PATIENT. Die Tabletten sind für den Arsch gewesen.

ARZT. Er hat gesagt…

PROFESSOR. Lassen Sie mal gut sein. Das habe ich schon verstanden. Sohn, ich sag's ihm jetzt ganz deutlich. Mir scheint hier ein grundsätzliches Missverständnis über die moderne Psychopharmakologie vorzuliegen. Zum einen was die Wirkung der Psychopharmakologie auf Sie ganz im speziellen, sowie als auch die Wirkung der Psychopharmakologie ganz im Allgemeinen betrifft. Im Allgemeinen ist es so, dass die Wirkung der Psychopharmakologie gar nicht hoch genug eingeschätzt werden kann. Im speziellen Einzelfall wird dann doch immer etwas zu viel erwartet. Hängen Sie das Ganze also nicht so hoch. Sehen Sie die Medizin, als kleinen Anstoß, als eine Einladung ausgesprochen von uns an Sie, Ihr Leben wieder selbst auf die Reihe zu bekommen. Wir sind hier nicht im Zirkus, also erwarten Sie keine Wunder. Ich sehe Ihren Unwillen. Also lassen Sie mich deutlicher werden. Sehen Sie, wenn jemand gar nicht depressiv ist, dann wirkt natürlich die beste Medizin nix. Aber selbst wenn sie depressiv wären, stünde die moderne Psychopharmakologie bei Ihnen vor ihrer Kapitulation. Ich kann nix für sie tun. Das hätte ich ihnen gleich sagen können. Aber Sie haben mir ja nie zugehört. Sie müssen sich schon selber helfen! Es ist im Grunde eine Binsenweisheit: Gegen Perspektivlosigkeit helfen keine Tabletten, gegen Aufbegehr und Arbeitsscheu ist kein Kraut gewachsen. Wissen Sie, wenn jemand ernstlich krank ist, und er tut alles dafür, wieder gesund zu werden, wird es aber nicht, dann ist das eine Tragödie. Wenn aber jemand gesund ist, ein Mann wie ein Baum, und den eingebildeten Kranken gibt, dann ist das eine Komödie, eine Schmierenkomödie. Aber wenn jemand noch darüber hinaus – so wie in Ihrem Fall – gar nicht gesund sein WILL, dann hört der Spaß auf, dann ist dies Betrug, Betrug am redlich Kranken. Ich fordere Sie auf, unser Haus zu verlassen. Sie sind ein hoffnungsloser Fall. Sie belegen hier völlig unnützerweise unsere schönen weißen Betten. Alles was Sie können, ist unsere Toiletten vollzuscheißen. Ein bisschen mehr hätte da schon noch kommen müssen.

PATIENT. Ich weiß wirklich nicht, um was es hier geht, jedenfalls um nichts, was etwas mit mir zu tun hätte.

PROFESSOR. Was hat er gesagt?

ARZT. Och, das ist so ein neuer Spleen von ihm. Er ist der irrigen Annahme, hier ginge es nur ums Geld und nicht um das Wohl der Patienten, die ja schließlich im Zentrum unserer Bemühungen stehen.

PROFESSOR. Um das Wohl jedes einzelnen Patienten geht es hier. Geld, Geld, Geld, schon wieder einer, dem es nur ums Geld geht. Mein ganzes Forscherleben lang hindurch habe ich diese Erbsenzähler gehasst wie der Deibel das Weihwasser. Wissen Sie, es mag mir ja am Allerwertesten vorbeigehen, wenn Sie sich einbilden, eine Depression zu haben. Wenn Sie unbedingt eine haben wollen, bitte schön, ich schenk sie Ihnen! Aber finanziell betrachtet, mein lieber junger Herr, sind Sie ein einziges Minusgeschäft. Mit der Forschung verdienen wir in unserem Hause unser Geld. Ausschließlich deshalb, weil wir jeden Tag aufs Neue versuchen, die Menschheit im Ganzen wieder um eine Regenwurmlänge voranzubringen, können wir uns solche speziellen Einzelfälle, wie Sie einer sind, überhaupt leisten. Darüber würde ich an ihrer Stelle einmal nachdenken, bevor ich wieder aus der Reihe tanze. Ich weiß, das können Leute wie Sie, die die Verantwortung für ihr Leben nicht übernehmen wollen, sich nur schwer vorstellen. Aber wenn Sie die Verantwortung für die gesamte Menschheit tragen, dann können Sie sich beim besten Willen nicht um jeden Einzelfall kümmern. Jedenfalls nicht in einer Weise, als dass nicht jeder Einzelfall zuvörderst die Pflicht hat, die Pflicht, sich um sich selbst zu kümmern. Mit der Forschung verdienen wir in unserem Hause unsere Brötchen, das sollten Sie vielleicht auch mal versuchen, nur die Forschung, das Tätigsein führt uns zu Ruhm und Ehre, das wäre doch auch mal was für Sie, die Tat, mein Freund, ist der erste Feind des Gedanken. Und Sie denken zu viel. Sie schauen ganz verhetzt aus, wenigstens das müssen Sie doch zugeben. Um unsere Patienten kümmern wir uns doch nicht wegen dem Geld, das könnte uns die nervlichen Belastungen kaum entschädigen, sondern ausschließlich aus Gründen der Philanthropie und der Humanität. Der Hippokratische Eid legt uns dabei noch mehr Schranken auf, als das Gesundheitssystem selbst, glauben Sie wenigstens in diesem Punkt einem alten, erfahrenen Gassenhauer der Psychiatrie. Aber, ich sehe es Ihnen an, was ich hier tue, ist Zeitverschwendung, wenn ich an meine eigentliche Arbeit denke. Aber auch diese Arbeit hier muss getan werden. Sie wird getan werden, dessen seien Sie sich gewiss. Wenn nicht von uns, dann von anderen. Aber ich bin selbst schuld, dass ich mich immer wieder in diese unnützen Diskussionen verwickeln lasse. Weil ich einer der ganz wenigen Chefärzte bin, der jeden einzelnen Patienten persönlich kennt, da sind unangenehme Verbindlichkeiten kaum zu vermeiden. Ich führe ein offenes und transparentes Haus, die Lichtverhältnisse hier sind ganz hervorragend, wir haben nix zu verbergen. Ich bin für jeden da, der meine Hilfe braucht. Fragen Sie mein Personal, es kann immer zu mir kommen, wenn es Probleme mit einem Patienten gibt. Wenn Sie nun aber krank sein wollen, wenn Sie unbedingt auf Kosten ihrer Krankenkasse hier herumlungern wollen, wenn Sie weiter am Staate schmarotzen wollen, anstatt mit ehrlicher Hände Arbeit zu beweisen, dass auch Sie etwas wert sind, dann kann ich Ihnen nicht helfen, dann kann Ihnen kein Medikament auf der Welt helfen, auch das beste nicht. Wenn Sie sich auf Gedeih und Verderb dazu entschlossen haben, nix aus ihrem Leben zu machen, dann schieben Sie das nicht mir in die Schuhe! Auch lasse ich es nicht zu, dass mein

Personal noch länger durch ihre Anwesenheit beleidigt wird. Im Gegensatz zu Ihnen, handelt es sich dabei um redlich und gewissenhaft arbeitende Menschen, die niemals auf die Idee kämen, sich Krankheiten einzubilden und dem Staate zur Last zu fallen, der sie nährte vom Kindbett an. Aber, bitte schön, die Schwestern wollen zum Abschluss auch noch etwas sagen.

CHOR DER SCHWESTERN.

WAS HEISST HIER SPRECHEN WAS HEISST HIER VERSTEHEN WAS HEISST HIER THERAPIE FIRLEFANZ SIE SIND ALLEIN VERLIEBT INS NICHTS UND VON NICHTS KOMMT NICHTS WAS HEISST DA VERÄNDERUNG WAS HEISST DA GESUND ES GENÜGT WENN DIE DINGE IN ORDNUNG KOMMEN WIR SIND DIE FOTZEN DER ORDNUNG SIE

HABEN UNS BEZAHLT JETZT GEBEN
WIR IHNEN IHR RAUSGELD SIE
SPIELTEN HIER DAS ARME OPFER
DOCH DA SPIELTEN WIR NICHT MIT
GLEICH HABEN WIR ERKANNT DASS
SIE GAR NICHT GESUNDEN WOLLEN
DASS SIE SICH BEURLAUBEN
BERENTEN KRANKSCHREIBEN LASSEN
WOLLEN DAMIT SIE NICHT ARBEITEN
MÜSSEN IN DIESEM STAAT DIESE
RECHUNG GEHT NICHT AUF SIE IST
NOCH NIE AUFGEGANGEN SIE WIRD
NIE AUFGEHEN DAFÜR SORGEN WIR
UND WENN NICHT WIR DANN ANDERE
DAFÜR IST GESORGT SIE VERARSCHEN
UNS NICHT WIR WOLLEN ERGEBNISSE
SEHEN WIR WOLLEN DAS MAN MIT
FREUDE ANIMMT UNSERE ORDNUNG
DENN WIR SIND IN ORDNUNG ALLES IST
IN ORDNUNG ALLES KOMMT IN

ORDNUNG IM GRUNDE IHRES HERZENS
DASS WIR IHNEN AUSGERISSEN HABEN
SIND AUCH SIE IN ORDNUNG DAS
WISSEN WIR DIESER KEIM DER
ORDNUNG WIRD FRUCHTBAR WERDEN
WIE DER SAME IM ACKER AUS DIESEM
KEIM DER ORDNUNG WIRD BLÜHEN
EINE HERVORRAGENDE ZUKUNFT WAS
HEISST HIER SPRECHEN WAS HEISST
HIER THEARAPIE WAS HEISST HIER
VERSTEHEN DEN HIMMEL TRAGEN DIE
IN UNSERN REIHEM STEHEN WAS
KÖNNEN WIR DENN DAFÜR DASS SIE
NICHT GLAUBEN AN DIE ORDUNG
ÜBER UNS DIE UNABÄNDERLICHE
DANN GLAUBEN SIE DOCH AN DIE
ORDNUNG UNTER UNS DIE
UNABÄNDERLICHE WENN SIE NICHT IN
UNSERN HIMMEL KOMMEN WOLLEN
BLEIBEN SIE DOCH IN IHRER HÖLLE

WENN SIE IHR KALTES HERZ
ERWÄRMT DENKEN SIE AN DIE
ORDNUNG UND AN NICHTS ANDERES
DAS LENKT NUR AB VOM LEBEN ES IST
BESSER SIE FINDEN SICH AB DAMIT
WENN SIE UNBEDINGT WAS FINDEN
WOLLEN SIE DENKEN DASS SIE
WEITERKOMMEN WENN SIE SO
WEITERMACHEN DAS DENKEN WIR
NICHT WIR HABEN GUTEN WILLEN
GEZEIGT DOCH DAS WOLLTEN SIE
NICHT WIR HABEN NICHTS
UNVERSUCHT GELASSEN DOCH SIE
SUCHTEN NICHT MIT SIE WOLLEN
NICHTS WERDEN SIE WOLLEN NUR
SEIN DAS MACHEN WIR NICHT MIT
WEIL MAN BEI UNS MITTUN MUSS WIR
SIND DAS BOLLWERK GEGEN DIE
APATHIE IHRES WILLENS WIR HABEN
IHNEN GEWIESEN DEN RECHTEN WEG

DOCH GEGANGEN SIND SIE DEN FALSCHEN WAS SOLLEN WIR NOCH TUN UNSERE GEDULD IST AM ENDE WIE AUCH SIE AM ENDE SIND WAS HEISST HIER SPRECHEN WAS HEISST HIER VERSTEHEN WAS HEISST HIER THERAPIE KEHREN SIE DOCH ZURÜCK IN IHR IMMERNIE WERDEN SIE EIN MANN UND KEINE MEMME DANN LIEGT AUCH IHNEN DIE WELT ZU FÜSSEN DIE EINE WELT DER ORDNUNG IST WIR LADEN SIE EIN MITZUWIRKEN AM AUFBAU DER WELT WIR LADEN SIE EIN VERWEIGERN SIE SICH NICHT DEM POSITIVEN WERK MACHEN SIE ES WIE WIR ES IHNEN LEHRTEN SEHEN SIE DIE DINGE WEISS UND NICHT SCHWARZ DANN WOLLEN WIR FESTSSTELLEN AM ENDE EINE POSITIVE WANDLUNG WIR WOLLEN AUCH SIE NICHT ENTLASSEN

OHNE POSITIVE PERSPEKTIVE AM ENDE WAR DIE TOILETTE REIN DAS BETT GEMACHT FEIN DAS ZIMMER AUFGERÄUMT DAS WORT SCHEISSE NICHT MEHR GESAGT IN UNSEREM ZUSAMMENHANG WIR KLATSCHEN IN DIE HÄNDE WIR WÜNSCHEN IHNEN ALLES GUTE AUF DIESEM WEG DER ORDNUNG DENN DIESER WEG IST DER GUTE AM ENDE HABEN SIE ES BEGRIFFEN DAS HOFFEN WIR DEUTLICH WIR SIND DIE FOTZEN DER ORDNUNG UND ÜBERALL WIR KENNEN DAS SCHWEIN UND SEINEN STALL WIR KENNEN DAS FLEISCH UND WIR KENNEN SEINEN PREIS WIR SIND DIE FOTZEN DER ORDNUNG WIE JEDER WEISS WAS WIR HIER LEHREN IST KEIN KAMMERSTÜCK WAS WIR HIER LEHREN IST DIE SYMPHONIE DER

SCHEISSE UNSERE SCHEISSE HEISST ORDNUNG UNSERE SCHEISSE IST DIE ALLEINSELIGMACHENDE SCHEISSE IN DER WELT UNSERE SCHEISSE STINKT NICHT SIE IST WEISS WAS WIR HIER LEHREN IST KEIN KAMMERSTÜCK WAS WIR HIER LEHREN IST DIE SYMPHONIE DER SCHEISSE UNSERE SCHEISSE HEISST ORDNUNG UNSERE SCHEISSE IST DIE ALLEINSELIGMACHENDE SCHEISSE IN DER WELT UNSERE SCHEISSE STINKT NICHT SIE IST WEISS

Szene 5

Monolog des Professors.

PROFESSOR. Ja, meine Damen und Herrn, wertes Publikum. Sie sehen, wir stoßen hier an unsere Grenzen. Ich weiß es offen gestanden nicht, ich denke aber pausenlos darüber nach, wie ich den gesellschaftlichen Auftrag, Ihnen solche Leute zu ersparen, noch länger erfüllen kann. Wenn ich als Wissenschaftler weiterhin wie der Arsch der Welt behandelt werde, statt als deren Gehirn, wie soll ich dann den Auftrag ausführen? Ich brauche mehr Geld, nicht als Selbstzweck selbstverständlich, sondern als Mittel zum Zweck. Ich brauche mehr Geld, das müssen Sie doch einsehen, ich brauche einfach mehr Geld. Die Politik ist aufgefordert zu wissen, dass die Gehirne mehr Geld brauchen. Produktion braucht Maschine,

Maschine braucht Strom, Antrieb, Anschub, Flüssigkeit, altertümlich ausgedrückt: Schotter, Kies, Stoff, Material, verstehen Sie? Ich drücke mich doch nicht allzu unklar aus? Ohne Schmiermittel, läuft sie nicht, die Maschine. Ohne Putzmittel, kann ich nicht scheuern. Es ist eigentlich ganz einfach. Wollen Sie dieses Land mit der Zahnbürste reinigen, mit der Lupe durchsuchen, den Dreck mit der Pinzette aufheben? Das ist eine Sisyphosarbeit, die ich Ihnen gern ersparen will, weil ich sie Ihnen ersparen kann. Wenn Sie nicht wollen, bitte, aber schieben sie die Resultate nicht mir oder der Wissenschaft in die Schuhe. Ich habe Sie gewarnt. Sagen Sie nicht wieder, Sie hätten von alledem nix gewusst. Was wir vor allen Dingen brauchen, das müsste doch auch der Dümmste einsehen unter Ihnen, ist eine Identifikation von Wissenschaft und Politik, unter dem Primat der Wissenschaft selbstverständlich, denn mit Primaten lässt sich keine Zukunft einschreiben ins unlinierte weiße Buch der Geschichte. Was sich mit Primaten erreichen lässt, ist allenfalls der Tierpark. Und den haben wir ja schon. Nur sind die Sensationen dort so unspezifisch, dass sie im Grunde keinen Eintritt mehr dafür verlangen können. Auch der Tierpark ist ein subventioniertes Haus, versteht man mich? Ich glaube nicht, wenn ich Sie so ansehe. Sie wollen etwas sehen, rein wissenschaftlich betrachtet verstehe ich das sogar, aber es gibt eben nichts mehr zu sehen, die Sensationen sind ausverkauft. Sie sind entweder so teuer, dass niemand sie sich mehr leisten kann, oder so billig geworden, weil sich niemand mehr für sie interessiert. Mit einer Idee kommen Sie hier nicht weiter. Eine Idee ist zu wenig für die Welt. Scheiße verwandelt in Gold, ist eine schöne Vorstellung, aber Alchemie. Und was hat das Mittelalter mit uns zu tun? Deshalb plädiere ich dafür, ganz sachlich im Übrigen, dass wir uns wieder der Realität zuwenden. Ja, machen Sie's wie ich, begrüßen Sie die Realität. Man wagt es ja kaum mehr auszusprechen, aber die Realität, meine Damen und Herrn, ist nicht der Feind. Der Feind ist der Feind der Realität. Es ist eigentlich ganz einfach. Und in diesem Kampf gegen die Feinde der Realität, brauche ich mehr Geld. Ich würd's hier ja nicht aussprechen, an diesem für mich denkbar ungünstigsten, weil rückständigstem Ort, wenn es nicht eben ihr Geld wäre, das ich am meisten brauche, das müssen Sie doch einsehen, jedenfalls können Sie das. Und wenn Sie es können, warum sollten Sie es dann nicht auch tun? Sehen Sie, einige haben's schon begriffen, so schwer ist es doch gar nicht, schließen Sie sich an, reihen Sie sich ein!

Auweia, schon wieder Gemurmel. Es ist die Höhle, die aus Ihnen spricht, nicht die platonische versteht sich, die Staatshöhle, sondern, die Vorhöhle, die ganz, ganz alte Höhle, die Keule und der Faustkeil, wenn Sie so wollen. Sie dürfen sich den Staat nicht denken, als ein Wesen, das Ihnen an den Geldbeutel, ihnen die Freiheit beschneiden, oder Ihnen gar die Entscheidung rauben will, zwischen Dreck auf allen 250 Kanälen oder Dreck auf allen 350 Bühnen. Machen Sie's wie ich, denken Sie sich den Staat als einen Freund, in dem die Begriffe Freiheit und Gehorsam, kein Knurren mehr hervorrufen im Darm, weil Sie identisch sind. Ernstlich gefragt, wo sollte auch der Gegensatz sein? Wissen Sie, mir ist es im Grunde egal, wie Sie darüber denken. Ich betrachte das rein wissenschaftlich. Warum sollten Sie aufhalten wollen, was bereits Wirklichkeit ist? Es ist

Ihnen, natürlich unbenommen, sich auch weiterhin mit dem Fahrrad oder gar per pedes fortzubewegen. Als Wissenschaftler bevorzuge ich eine schnellere Fortbewegungsart, das müssen Sie mir doch verzeihen, wie auch ich Ihnen verzeihe, dass sie dabei nicht unter die Räder kommen wollen. Aber Sie können doch einfach aufspringen auf den Zug der Zeit. Jeder kann ja machen, was er will, wenn er dem anderen nicht schadet dabei, das ist doch Ihr Freiheitsbegriff, wenn ich Sie richtig verstanden habe: JEDEM DAS SEINE. Aber mit ihrem Verständnis, ehrlich gesagt, rechne ich gar nicht, ich bin auch gar nicht darauf angewiesen. Meine Revolution findet auch statt, ohne dass jemand sich hinter einer Fahne versammelt oder irgendeinem Schwätzer applaudiert. Auf die Politik können wir verzichten. Sie können von mir aus gleich mitverschwinden. Das Volk kommt allenfalls als statistische Größe in Betracht. Das haben sogar schon die Politiker verstanden. Einige sieht man in den Talkshows lamentieren über den Zustand des Staates, den sie geschaffen haben. Und den wir nicht mehr brauchen. Ja, in Zukunft wird es für viele viel mehr Freizeit geben, als es ihnen lieb sein wird. Aber was geht uns das an? Ich gestehe es ganz offen, ich brauche wie jeder Unternehmer nur Ihr Geld, ob Sie lieber Griesbrei essen oder Pudding, lieber mit Maria schlafen als mit Stefanie, mit Karl statt mit Peter und lieber nach Paris fahren als nach Florenz, ist mir völlig gleichgültig. Ich bin schon überall, deswegen ist es gleichgültig, wo ich mich gerade aufhalte. Bin gespannt, wie Sie mich aufhalten wollen *(lacht)*. Nein, ich habe natürlich geflunkert. Ob Sie mir Ihr Geld nun geben oder nicht, ist mir ebenfalls gleichgültig, ich kriege es sowieso. Nehmen Sie es als neue

Transzendenz. Ich bin die Lücke, die Gott nun einmal hinterlassen hat, warum sollte ich diesen leeren Raum nicht besetzen, wenn er schon einmal da ist. Entschuldigen Sie bitte, meine etwas allgemein gehaltenen Formulierungen, als Wissenschaftler neige ich dazu, über den zu vernachlässigenden Einzelfällen die Gesamtlage nicht außer Sicht zu lassen. Aber wenn man dann einmal konkret wird, dann passt es Ihnen ja auch wieder nicht, das müssen Sie doch zugeben. Ob's ihnen nun passt oder nicht, ist ja nicht von Belang, so lange es gemacht wird, das ist das Entscheidende. Daran müssen Sie schon glauben, wenn Sie unbedingt an etwas glauben wollen. Im Gegenteil, seien Sie mir dankbar, dass ich über der zu vernachlässigenden Gesamtlage auch die Einzelfälle nicht außer Acht lasse. Aber auch im Konkreten, muss ich sagen, ich brauche mehr Geld. *(Pause.)* Aber ich fürchte, ich bin wieder etwas abgeschweift. Ich komme mir in diesem Haus auch etwas überflüssig vor. Wenn ich in ein Museum komme, ganz gleichgültig, was darin ausgestellt ist, komme ich mir immer wie im Seziersaal vor, rein vom aseptischen Gestank her, nur dass es weniger spannend ist, für mich jedenfalls. Aber bitte, wenn Sie auch weiterhin in der Vergangenheit leben wollen, obwohl Sie die Gegenwart überrollt, wenn Sie sich auch weiterhin der Zukunft versperren wollen, obwohl sie schon da ist, wenn Sie auch weiterhin Kunst genießen wollen, obwohl die Kunst Sie gar nicht mehr braucht, dann sei Ihnen das vergönnt. Märchen haben eine gewisse Berechtigung für Kinder. *(Im Abgang)* Schalten Sie morgen früh lieber mal die Nachrichten ein, ich habe die Politik in einem ganz bestimmten Punkt beraten. Und meine Vorschläge sind angenommen worden. Diese

Leute kommen auch noch zur Vernunft. Und zur Vernunft kommen, ist wesentlich vernünftiger, als hier in diesem Theater herumzulungern, oder ist es Ihnen noch gar nicht aufgefallen, *(je nach dem ein persönliches Charakteristikum des Gebäudes, bspw. dass es hier viel zu eng ist, für eine Entwicklung in breiten Maßstäben, dass schlechte Luft herrscht in diesem Haus, das erstmal durchlüftet werden muss mit der neuen Zeit, dass es schon seit langem nicht mehr ausverkauft ist, weil den alten Dreck niemand mehr sehen will, weil er nicht mehr begriffen wird und der neue Dreck noch Zeit braucht, bis er begriffen werden kann, dass die Bühne hier viel zu klein ist, für das was dargestellt werden müsste, dass die Bühne hier viel zu groß ist für das, was überhaupt noch dargestellt werden kann, dass es hier viel zu heiß ist, für eine Entwicklung, die kühle Köpfe braucht, dass es hier viel zu kühl ist, für eine Entwicklung, die das Feuer braucht und/oder aktuelle Bezüge, bspw. dass hier viel zu viele Leute in den Spielplan hineinregieren wollen, die weder etwas vom alten Theater begriffen haben, noch etwas von der neuen Zeit, dass man ein vernünftiges Theater gar nicht mehr machen kann mit (konkrete Summe) .... Euro, dass man eine geschichtliche Entwicklung nicht mehr aufhalten kann, die bereits eingetreten ist, auch und gerade nicht in (konkreter Ort) ...., dass Leute, die noch nicht einmal ein Krankenhaus bauen, eine Mensa sanieren, eine Umgehungsstraße planen, eine Ganztagsschule einrichten u.s.w., eine geschichtliche Entwicklung aufhalten können, die sich noch dazu bereits vollzogen hat usw. (Bitte, lieber Jungregisseur, der auch noch etwas werden will, zwei Sätze in der vorgeschlagenen Manier. Wenn Drang zu mehr vorhanden, bitte eigenes Stück verfassen. Lieber Altregisseur, Sie haben jetzt Gelegenheit über die Geschichte ihrer verpassten Gelegenheiten zu referieren, machen Sie, was Sie wollen.))* Ihren Optimismus möchte ich haben. An Ihrem Pessimismus bin ich allerdings auch nicht interessiert. Das einzige, das mich noch was angeht, ist die Realität. Das wär doch auch mal was für Sie!

ZWISCHENSPIEL

Szene 1

Monolog des Patienten, der sich im Hörsaal des Universitätsklinikums eingefunden hat. Während seines letzten Auftritts, futtert er munter TRIVIUM-Kapseln, wird dabei aber zunehmend müder. Schließlich tritt der Tod ein, wie es das Gesetz befiehlt.

PATIENT. Ratten, Ratten, Ratten, wohin das Auge blickt, nur noch Ratten, gesunde Ratten, kranke Ratten, Ratten, Ratten, Ratten; Ratten, die die Pest verbreiten, Staatsratten, Wirtschaftsratten, Gesellschaftsratten, Kunstratten, Ratten, Ratten, Ratten; sie kriechen aus allen Ritzen, aus allen Abflusskanälen und Aborten heben sie ihr Haupt. Wenn die Ratten ans Licht treten, gibt es keinen Unterschied mehr zwischen öffentlich und privat. Früher legte man Gift aus gegen die Ratten, heute hebt man sie in Ämter; dumme Ratten, gescheite Ratten, öffentliche Ratten, private Ratten, Ratten mit Paragraphen, Ratten mit Gesetzen, Ratten mit Befehlen, die Ratten des Gut-Gemeint, die Ratten der Gedanken und die Ratten der Tat; jedem Bürger seine Ratte, jedem Staat seine Rattenplage, mitten noch im Leben, sind wir von Ratten schon umfangen. Wir denken, wir sehen einen Menschen, aber es ist eine Ratte, wir denken, es ist ein Staat, aber es sind nur Ratten, das ist im Grunde das ganze Geheimnis... *(lacht)*. Lasst los Freunde, lasst los, lasst Eure Rattenhoffnung fahren, dass es besser wird, lasst los. Es ist gar nicht nötig, viel Aufheben davon zu machen. Wir kriechen aus einem Rattenkörper und sind von Ratten schon umfangen, Ratten begleiten uns, wohin wir gehen, bis wir wieder unter die Erde kriechen, in den Dreck, in den Scheißdreck, ins Königreich der Ratten. Es ist nicht nötig, es geht uns nichts mehr an, ein Evangelium zu schreiben für Ratten, eine Rattensymphonie, ein Streichquartett für Ratten, eine Bergpredigt für Ratten, ein Parteiprogramm für Ratten, einen Rattenkatechismus, einen Rattenstaat gründen in einem Universum für Ratten, wozu? *(Pause.)* Die Saat der Ratten geht auf im Rattenstaat. 20 Millionen wählen eine Partei, 20 Millionen eine andere, fertig ist der Rattenstaat. Koitus plus Arbeitslohn, fertig ist das Rattenleben. 25 Tage Urlaub im Jahr, fertig ist die Rattenfreiheit, die Freiheit der Ratten im Rattenstaat. Der Freiheitsbegriff der Ratten im Rattenstaat: Habe mehr als der andere, kaufe dir eine Stunde Freiheit, kaufe sie auf dem Marktplatz der Ratten. Die Meinungsfreiheit der Ratten im Rattenstaat:

Ich habe keine Meinung, also bin ich frei, Redefreiheit für Ratten im Rattenstaat, Pressefreiheit für Ratten im Rattenstaat, Religionsfreiheit für Ratten im Rattenstaat, steuervergünstigter Geschlechtsverkehr nach feuchtseligen Familienfesten für die Vermehrung der Rattenplage im Rattenstaat. Was waren das für schöne Zeiten, als Schweine noch regierten und nicht Ratten. *(Pause.)* Dass ihr Euch da mal nicht täuscht. Eure Freiheit im Rattenstaat ist keine Freiheit für Ratten, sondern nur eine Rattenfreiheit im Rattenstaat, das ist der Rattenbegriff der Geschichte, Entwicklung, Freunde, die Entwicklung der Vernunft, die Entwicklung der Rattenvernunft, der Weltgeist im Abflussrohr. Unter den Ratten ist das Schwein König, unter den Ameisen aber wird die Ratte Kaiser sein. Die ersten Ameisen sind ausgezogen, die Herrschaft der Ratten zu ersetzen, sie kämpfen für ihre Freiheit, die Freiheit der Ameisen in einem Ameisenstaat. Die Ameise wird sich als robuster erweisen als die Ratte, sie wird den Staat infiltrieren, den Rattenstaat infiltrieren, aussaugen und alsdann verstärken wie nie zuvor. Ein interessantes Schauspiel bietet sich uns da auf dem Theater, auf der Weltbühne, es lohnt sich wieder, Einritt zu bezahlen, wie der Rattenstaat sich verteidigt, seine Reste mit rattenhafter Wut verteidigt gegen die Ameisen, wie auch die letzten Menschen, die sich bereits verabschiedet haben aus der Geschichte der Ratten, nicht einmal mehr eine Hülle, ein romantischer Fetzen am Horizont, eine bürgerliche Phrase, eine Rattensynthese. *(Pause.)* Phrasen, Phrasen, Phrasen, man erstickt fast an den Phrasen und fragt sich immer wieso, dabei liegt die Antwort auf der Hand: Ratten, Ratten, Ratten, Phrasen,

Phrasen, Phrasen. Ich denke nicht so weit, als dass das Morgen mir noch heute blüht. Aber ihr werdet es erleben, die Tage, in denen die ersten Ratten von den Ameisen vertilgt werden, der Ameisenstaat sich bildet, der neue Staat, der Rattenkanzler abdankt und die Königsameise sich inthroniziert, die noch besser austauschbare im Scheißhaus der Geschichte. *(Pause.)* Angst? Ich weiß nicht, ob der Begriff noch etwas taugt, er klingt zu individuell. Kein Zweifel, auch die Ameisen wissen ihren Staat zu führen. Vielleicht besser als die Ratten noch, ganz wahrscheinlich sogar. An den Ameisenuniversitäten wird dann gelehrt, wie aus Adam ein Mensch wurde, aus dem Mensch ein Schwein, aus dem Schwein eine Ratte und aus der Ratte eine Ameise. Das ganze nennt sich Fortschritt, Evolution, Synthese. Das einzige, was an der Ameisenuniversität unbenannt bleiben wird, sind die Viren, die Viren, die bereits vor der Türe stehen, um den Ameisenstaat zu vertilgen. Man muss, wenn nicht von einer Sinnhaftigkeit, so doch von einer gewissen eisernen Logik der Geschichte ausgehen. Wenn der erste Virus Gott geworden ist, haben die Rattenbürger ihr Ziel erreicht, erst dann ist ihre Saat wirklich aufgegangen: Endlich das Nichts schon vor der Zeit, endlich das Ende schon vor dem Tod, das Nichts für die Ungeduldigen, das erlösende Nichts, das absolute Nichts, ohne Störfaktor Mensch, ohne Ratte auch, das ewige Nichts schon im Leben. Ha, schön habt ihr euch das gedacht, eine geniale Erfindung, dieses Nichts, der Triebwagen der Geschichte. *(Pause.)* Ob ihr euch da mal nicht ins eigene Knie fickt, Freunde. Das Nichts ist eine freudlose Sache, für Leute, die sich nur wohl fühlen, wenn unter ihnen noch jemand ist, auf den sie scheißen können. Die Feststellung taugt nicht mehr für einen Wahrheitsbegriff. Die Wahrheit, ausgesprochen von einer Ratte, wird zu einer Rattenwahrheit, historisch betrachtet zu einem größeren Schandfleck als die Lüge. Die Wahrheit ist eine Ameisenidee. Deswegen bleibe ich im Bilde, liebe Ratten: Wenn die Ameisen kommen, geht auch das Licht aus in eurer Senkgrube, wenn die Viren regieren, dann habt auch ihr endlich ausgeschissen. *(Pause.)* Sein oder Nicht-Sein – das ist schon lang nicht mehr die Frage, Nichts oder Nichts – das ist hier die Frage, Nichts oder Nichts-Mehr – das ist meine Frage, das Nichts der Ratten oder das Nichts der Menschen, das Nichts im Ratten-Leben oder das Nichts im Menschen-Tod *(stirbt).*

Szene 2

Projektion Tagesschau.

Die Bundesregierung äußert angesichts der immer weiter zunehmenden psychischen Störungen in Deutschland große Besorgnis. Um über Möglichkeiten nachzudenken, wie dieses Problem in den Griff zu bekommen ist, wird unter beratender Tätigkeit führender Wissenschaftler und Mediziner eine Sonderkommission eingesetzt. Um der ständig steigenden Flut an psychiatrischen Einweisungen Herr zu werden, sollen hoffnungslose Fälle jetzt auch in die Tierheime eingewiesen werden können. Begeistert aufgenommen wird der Vorschlag von den Krankenkassen. Die Kosten für Fütterung und Pflege der Patienten im Tierheim sei wesentlich günstiger, als in den kostenintensiven klinischen Einrichtungen. Kritik kommt sowohl vom Dachverband der Deutschen Psychiatrie, als auch vom Tierschutzbund. Die Maßnahme sei grundsätzlich zu begrüßen, heißt es in einer gemeinsam verfassten Verlautbarung, erwiese sich allerdings als Tropfen auf den heißen Stein. Bedenke man den explosionsartigen Anstieg der psychisch Kranken und die Tatsache, dass die Tierheime schon jetzt aus allen Nähten platzten, so sei es dringend geboten, über nachhaltige Lösungsmöglichkeiten nachzudenken. Zudem befürchtet der Tierschutzbund, einen schlechten Einfluss der Patienten auf die oft ohnehin schon traumatisierte Seele der Tiere. Der Dachverband der Deutschen Psychiatrie indes weist gesondert auf die Ergebnisse einer aktuellen Studie hin, die von der deutschen Atomindustrie in Auftrag gegeben wurde.

Dieser Untersuchung zufolge sei die Gefahr, von einem psychisch Kranken um Hab und Gut, gar um Leib und Leben gebracht zu werden für den Bundesbürger bereits einhundertdreißigmillionenfach höher, als bei einem Reaktorunfall kontaminiert zu werden. Aus diesem Grund erklärt der Verband der Deutschen Atomindustrie, dass die unliebsamen Fälle unter den psychisch Kranken künftig auch in den atomaren Endlagern untertage untergebracht werden könnten. Dies sei besonders für Erkrankte aus dem schizophrenen Formenkreis günstig, da sie dort von allen schädlichen Umwelteinflüssen abgeschirmt seien. Dass dabei die Gesellschaft vor diesen Elementen ebenso dauerhaft geschützt sei, sei dabei nur als willkommenes Nebenprodukt anzusehen, schließlich sei man nicht unmenschlich, sondern human. In besonders schweren Fällen allerdings, zum Beispiel bei offener Feindseligkeit gegenüber der Gesellschaft und ihren unverbrüchlichen, bürgerlichen Werten, könne auch an eine Beseitigung dieser Elemente durch Strom gedacht werden, der dem Staat zu diesem Zweck kostenlos zur Verfügung gestellt würde. Die Bundesregierung verlautbart, den Vorschlag der Sonderkommission eingehend zu prüfen. Ein gewisses Maß an menschlichem Restmüll sei jedoch in einem demokratischen Staat zu akzeptieren. Gerade im Umgang mit dem Bodensatz der Gesellschaft zeige sich sein menschliches Antlitz.

NACHSPIEL

Szene 1

Kommissar und Professor begegnen sich in der Klinik. Um die stets knapp bemessene Zeit des Professors nicht über Gebühr in Anspruch zu nehmen, findet das Gespräch beim Gehen durch die langen kahlen Flure der Klinik auf dem Weg in die Anatomie statt.

PROFESSOR. Lieber Herr Kommissar, Sie schon wieder!

KOMMISSAR. Ich hab's Ihnen doch gesagt, mein lieber Herr Professor, bei der nächsten Leiche sehen wir uns wieder.

PROFESSOR. Na, in der Tat, in der Tat... ts, ts...

KOMMISSAR. Diesmal lag die Leiche in Ihrem eignen Hörsaal, Herr Professor. Die Einschläge werden dichter sozusagen. Ich meine, der letzte Fall ist wenigstens noch so freundlich gewesen, sich zu Hause um die Ecke zu bringen.

PROFESSOR. Ja, mein lieber Herr Kommissar, wie stellen Sie sich die Dinge vor, das kann ich mir doch nicht aussuchen. Ich bin ganz überrascht von dieser neuerlichen Entwicklung.

KOMMISSAR. Ich kann es mir denken, so wie Sie beim letzten Mal überrascht waren und beim vorletzten Mal und beim… Sagen Sie, mein lieber Herr Professor, Sie erinnern sich doch noch an den Patienten, der sich vom Zug überrollen ließ?

PROFESSOR. O ja, natürlich, ganz klar, ich kenne alle meine Patienten persönlich, ein ganz patenter Patient, jung, unschöne Sache, unschön, kann ich Ihnen sagen, das Blut soll meterweit geflogen sein...

KOMMISSAR. ... ihre weiße Weste hat es ja nicht getroffen

PROFESSOR. Wie bitte?

KOMMISSAR. Ihr Anzug ist heute wieder tadellos weiß, arielweiß.

PROFESSOR. Das habe ich Ihnen doch schon das letzte Mal erklärt. Unser Universitätsklinikum verfügt über eine hervorragende Weißwäscherei, hervorragend.

KOMMISSAR. Ganz hervorragend. Ich kann

es mir denken. Was ist eigentlich aus den Maßnahmen geworden, die Sie ergreifen wollten, nachdem sich der junge Mann bei einem beaufsichtigten Spaziergang in die Büsche geschlagen hatte und vom D-Zug überrollt worden war? Da wollten Sie doch in sich gehen?

PROFESSOR. Ja, wo denken Sie hin, Herr Kommissar, wir sind alle in uns gegangen, weit in uns, tief in uns, weit über uns hinaus sind wir gegangen. Schließlich stellt ein solcher Selbstmord eine Beleidigung für unsere tadellosen Methoden dar. Da muss man schon denken, Herr Kommissar.

KOMMISSAR. Ja, das interessiert mich. Wie ist er denn abgelaufen, dieser Denkvorgang?

PROFESSOR. Ja, das kann ich Ihnen genau

sagen, ganz genau. Da sind wir alle zusammengekommen...

KOMMISSAR. Und dann?

PROFESSOR. Dann haben wir getagt...

KOMMISSAR. Und dann?

PROFESSOR. Dann haben wir uns mit dem Vorfall ernstlich geplagt...

KOMMISSAR. Und dann?

PROFESSOR. Dann sind wir in uns gegangen...

KOMMISSAR. Und dann sind sie weit über sich hinausgegangen. Und dann?

PROFESSOR. Dann haben wir die Musiktherapeutin entlassen.

KOMMISSAR. Ah, ja. Ich fasse also zusammen: Alle zwei Wochen eine Leiche – das zwang sie zum Denken, aus dem dann folgerichtig ein Nachdenken wurde, dass sich wieder zum Denken entwickelte. Und am Ende wurde die Musiktherapeutin entlassen.

PROFESSOR. Das ist jetzt eine etwas verkürzte Darstellung, aber im Wesentlichen…

KOMMISSAR. … können wir uns darauf verständigen. Wissen Sie, Herr Professor, ich weiß natürlich nicht so viel vom Gehirn wie Sie, also vom Denken und vom Nachdenken. Ich habe auch keine eigene Fernsehshow darüber, verzeihen Sie mir. Ich fische der

Natur meines Berufes gemäß in trüberen Gewässern. Aber manchmal, verstehen Sie mich nicht falsch, Herr Professor, also ich meine als alter Kriminalist, da denke auch ich manchmal nach.

PROFESSOR. Tatsächlich?

KOMMISSAR. Jawohl, Herr Professor, ich komme sozusagen regelrecht ins Grübeln. Kommen wir gleich zur Sache, Sie sind ja ein Mann der konsequenten Entscheidungen. So ein Spaziergang, sozusagen aus der geschlossen Abteilung in die freie Natur hinaus, der findet ja unter Aufsicht statt…

PROFESSOR. Bitte, bitte, das kann ich Ihnen erklären...

KOMMISSAR. Sie wissen doch noch gar

nicht, was ich von Ihnen wissen will.

PROFESSOR. Aber ich kann es Ihnen erklären.

KOMMISSAR. Ich zweifle nicht daran. Also so ein beaufsichtigter Spaziergang, der wird doch für gewöhnlich von zwei Aufsichtspersonen geführt. In diesem Fall von einer Musiktherapeutin und einer Ergotherapeutin. Da ist es doch sozusagen gehupft wie gesprungen, welcher von beiden man die Schuld für die Sache in die Schuhe schiebt, welche man also entlässt.

PROFESSOR. Ihre Redewendung in allen Ehren. Aber Sie denken da viel zu philosophisch. Pragmatisch ergab sich nach reiflicher Überlegung eine völlig andere Sicht der Dinge.

KOMMISSAR. Und die wäre gewesen?

PROFESSOR. Die Musiktherapeutin wollten wir ohnehin loswerden. Stellen Sie sich vor, sie hat einen Patienten GEDUZT! Und hat auch ansonsten öfters mal die Spur verlassen. Außerdem brachte sie unser hervorragend geführtes Haus nach außen hin in Misskredit durch ihren - sagen wir einmal – etwas unsteten Lebenswandel. Also hieß es, die Gelegenheit beim Schopfe packen. Wer weiß, wann sich wieder eine geboten hätte.

KOMMISSAR. Aber mein lieber Herr Professor, die lässt bei Ihnen doch nicht lange auf sich warten.

PROFESSOR. Mein lieber Herr Kommissar, ich streite mich ungern mit Ihnen. Aber als kleiner Beamter haben Sie keine Ahnung von

Arbeitsverträgen in öffentlich rechtlichen Anstalten. Ich übrigens auch nicht. Aber ich habe es mir erklären lassen. Heutzutage ist es ganz schwer, einen Menschen, der nichts taugt, loszuwerden. Da ist man auf außergewöhnliche Umstände geradezu angewiesen. Wenn man...

KOMMISSAR. ...wenn man?

PROFESSOR. Liquide bleiben will.

Szene 2

Immer noch wandelnd in den Fluren. Durch das Restlicht, das durch die Panzerglasscheiben fällt, erhält der Professor, der an der Front geht, ein milchiges, der Kommissar, der in seinem Schatten geht, ein verdunkeltes Gesicht.

KOMMISSAR. Gut, dass Sie das von sich aus ansprechen. Ich wäre ohnehin noch draufgekommen. Mir scheint's ne Gretchenfrage. Also, Herr Professor, wie hält er's denn mit dem Gelde?

PROFESSOR. Och, es kommt, es geht, es kommt, es bleibt nie lange.

KOMMISSAR. Ich wollte eigentlich wissen, wie hält's denn seine Anstalt mit…

PROFESSOR. Ich weiß genau, was Sie wissen wollen. Sie sind wie alle anderen sind. Sie wollen und wollen und wollen und wollen. Und wissen nicht, wo sie's kriegen können. Und dann kommen sie zu mir gelaufen – von der Putzfrau bis zum Patienten, vom Assessor bis zum Oberarzt, von der Studentin bis zum Aufsichtsrat – und wollen, wollen, wollen. Und wollen immer irgend etwas anderes, als das, was ich will. Und wollen nicht, wie sie sollen doch. Und niemals wollen sie geben, immer nur wollen sie, wollen sie, wollen sie, wollen – von mir. *(Pause.)* Das mit dem Gelde betrübt mich sehr.

KOMMISSAR. Ich will's hoffen.

PROFESSOR. Also die zynische Tour steht Ihnen nun überhaupt nicht. Ja, glauben Sie mir macht das Spaß, den ganzen Tag in diesem

Irrenhaus herumzulaufen, den ganzen Tag diese Gestörten, diese gestörten, tief gestörten Menschen, all diese gestörten Patienten? Wenn's das nur wär! Die ganzen gestörten Angestellten kommen ja noch dazu. Selbst wenn sie nicht gestört sind, stören tun sie mich trotzdem. Sie halten mich von der Arbeit ab. Ich bin Forscher, Herrgott nochmal, kein Seelentröster, keine Wärmflasche und kein Medikamentenausgeber. Das habe ich Ihnen schon das letzte Mal erklärt. Impertinent sind Sie, impertinent. Den Selbstmord meiner Patienten mir in die Schuhe schieben zu wollen, mir, ausgerechnet mir, das ist das Letzte, das Allerletzte. Sie tun gerade so, als ob ich etwas damit zu tun hätte, ausgerechnet ich.

KOMMISSAR. Sie hätten sich gar nicht so zu echauffieren brauchen. Es war nur so ein

Gedanke von mir, kein Verdacht mitnichten, Herr Professor, kein Verdacht, keine Schuldzuweisung, Herr Professor, keine Anklage, nur so ein Gedanke, Herr Professor. Ich meine TRIVIUM, TRIVIUM, Herr Professor, das will mir nicht in den Schädel. In allen ihren Leichen, die wir so finden, am Bahndamm, zu Hause in ruhigen Wohngegenden, bei Ihnen im Hörsaal, TRIVIUM, TRIVIUM, Herr Professor, in allen Leichen findet sich immer das Medikament TRIVIUM. Auch in den Leichen, die sich nicht mit TRIVIUM um die Ecke brachten, fand sich TRIVIUM. Und in der nächsten, die wir jetzt aufsägen, ich verspreche es Ihnen, finden wir TRIVIUM.

PROFESSOR. Was haben Sie eigentlich gegen TRIVIUM, Herr Kommissar? Das ist ein ganz hervorragendes Produkt, eine neue Generation eines mittelpotenten Neuroleptikums, ganz hervorragend, atypisch, wirklich ganz hervorragend.

KOMMISSAR. Nun, mein lieber Herr Professor, ich versuche die Sache nun einmal auf meine Weise, das heißt wie es einem medizinischen Vollblutlaien möglich ist, zu resümieren: Fünf Leichen haben wir in elf Wochen, das gibt summa summarum (elf geteilt durch fünf gleich zwei mal fünf gleich zehn behalte eins hole die null herunter geteilt durch fünf gleich zwei) alle zwei Wochen eine Leiche, Herr Professor. TRIVIUM wird in erster Linie eingesetzt bei schizophrenen Psychosen. Leiche Nummer Eins litt an einer schizophrenen Psychose. Und bekam…

PROFESSOR. …TRIVIUM.

KOMMISSAR. Leiche Nummer Zwei litt an einer Borderline-Störung. Und bekam...

PROFESSOR. ...TRIVIUM.

KOMMISSAR. Leiche Nummer Drei litt an einer manischen Depression. Und bekam...

PROFESSOR. ...TRIVIUM.

KOMMISSAR. Leiche Nummer Vier litt an Magersucht. Und bekam...

PROFESSOR. ...TRIVIUM.

KOMMISSAR. Leiche Nummer fünf litt an einer kombinierten Persönlichkeitsstörung. Und bekam...

PROFESSOR. ...TRIVIUM.

KOMMISSAR. Ein wirklich hervorragendes Produkt. Es hilft gegen alles.

PROFESSOR. Ganz hervorragend, wirklich ein Spitzenprodukt.

KOMMISSAR. Mein lieber Herr Professor, in Ihrem Laden stinkt's, da stinkt's gewaltig. Ich weiß zwar noch nicht genau, was hier so stinkt. Ich will es auch gar nicht wissen. Aber herausfinden werde ich es.

PROFESSOR. Ach, wo denken Sie hin, mein lieber Herr Kommissar, bei uns ist alles sauber, blitzeblank sozusagen. Was Sie riechen, glauben Sie mir, das kommt vom Desinfektionsmittel. Es duftet zwar nicht nach Rosen. Aber stinken tut es nicht.

KOMMISSAR. Wissen Sie, ich hab da mal so

eine Überlegung angestellt, wissen Sie, nur...

PROFESSOR. ...nur so ein Gedanke?

KOMMISSAR. Jawohl.

PROFESSOR. Denken Sie, nur zu. Gerade hier sollte man sich über alles freuen, was denkt. Die Gedanken sozusagen sind frei.

KOMMISSAR. Ich denke also das Folgende: Da gibt es eine Firma, nennen wir sie WEISSE, die hat ein neues Produkt, ein ganz hervorragendes Produkt. Und da gibt es eine Firma, nennen wir sie SCHWARZE, und deren Produkt soll von WEISSE vom Markt verdrängt werden. Und dann gibt es noch eine Universitätsklinik, die im Auftrag der Firma WEISSE forscht. Und dann gibt es noch Patienten in dieser Universitätsklinik, die alle das Produkt der Firma WEISSE fressen. Und dann gibt es noch einen Professor mit einer weißen Weste, einer arielweißen, der von all dem gar nichts weiß.

PROFESSOR. Ach, so denken Sie! Da denken Sie aber gravierend falsch. Da sind Sie einem oberflächlichen Analogieschluss zum Opfer gefallen. Das eine hat – wie so oft im Leben, Sie werden's kennen – mit dem anderen nichts zu tun. Natürlich werden wir von der Firma WEISSE unterstützt. Firma SCHWARZE unterstützt uns allerdings auch. Es geht um die Reinheit der Forschung, um nichts anderes. Auch der Staat unterstützt uns. Wir sind dankbar um jeden Cent. Schließlich kann es nicht im Interesse des Staates liegen, die Forschung verkümmern zu lassen. Sie denken zu viel, mein lieber Herr Kommissar, Sie schauen ganz verhetzt aus. Sie haben eine ausgewachsene Paranoia, überall sehen sie schwarze Männer...

KOMMISSAR. Ich sehe weiße Männer...

PROFESSOR. ...schwarze Männer, die sich verschwören. Wenn ich mich jetzt einmal in Ihr – wohl bemerkt – i n I h r Wahnsystem hineindenke, dann würde ich wohl formulieren, dass der Staat uns die Millionen nur darum zukommen lässt, damit wir ihm die Irren vom Leibe halten. Aber, mein lieber Herr Kommissar, das ist doch papperlapapp *(lacht)*. Sie müssen doch selber merken, dass das keine Realität hat in unserer Welt.

KOMMISSAR. Ach, wissen Sie, mein lieber Herr Professor, in meiner Welt bin ich nur der Zahlmeister. Ich zähle die Leichen. *(Vor der Tür des Seziersaals)* Wenn ich Sie nun bitten dürfte, als liquider Liquidationsberechtigter ihrer Anstalt des öffentlichen Rechts mit mir in das Reich der Würmer einzutreten.

PROFESSOR. Bitte sehr.

Szene 3

Anatom mit Instrumenten schreitet zur Tat. Professor und Kommissar verfolgen den Vorgang gebannt. Der Kommissar erhält durch die Neonbeleuchtung ein milchiges Gesicht. Der Professor, der in seinem Schatten steht, ein verdunkeltes.

KOMMISSAR. Wir haben Ihren Bereich verlassen, den der Seele und des Dramas, Herr Professor, und sind über die Schwelle getreten in meinen Bereich, den der Anatomie.

PROFESSOR. Ich nehme die Einladung gerne an. Insbesondere deshalb, weil wir die Schwelle nur scheinbar überschritten haben. Wir befinden uns immer noch im Reich der Wissenschaft. Und die Wissenschaft, dessen bin ich mir sicher, wird die Wahrheit zu Tage fördern. Und Ihre Vermutungen ins Dunkel stoßen.

KOMMISSAR. Wir werden sehen. Anatom, walten Sie ihres Amts!

ANATOM. Nu woll mer mal *(greift sich eine Schädel-Säge.)* Werden wir das Hühnchen mal entbeinen, wa? Männliche Leiche, mittleren Alters, sieht noch ganz frisch aus, stinkt auch nicht...

PROFESSOR *(zu Kommissar)*. Sehen Sie, stinkt nicht, stinkt nicht.

ANATOM. ...Adipositas, recht guter Allgemeinzustand, Leistenbruchnarbe links, Blinddarmnarbe rechts, krumme Nase infolge eines Bruchs, Narbe über dem linken Auge, Fußzehen zeigen eigenartige Verwachsungen *(sägt den Schädel auf, schaut nach).* Nanu, Herr Professor, es ist nischt zu finden.

PROFESSOR. Suchen Sie weiter!

KOMMISSAR. Richtig, Herr Professor, *(zu Anatom)* suchen Sie weiter, bei einem seelisch Kranken muss eine Seele vorhanden sein. Sonst könnte sie ja nicht krank sein, die Seele!

PROFESSOR. Papperlapapp. Wenn überhaupt, eine Seele vorhanden ist, so sitzt sie im Frontallappen, Lobus frontalis *(schlägt sich an die Stirn).*

ANATOM. Dunkel ist's, Herr Professor, im Gehirn, sehr dunkel.

PROFESSOR. Gehen Sie mal zur Seite. Machen sie was anderes. Lassen sie einen

Fachmann ran. *(Nimmt das Hirn aus der Schale, betrachtet es von allen Seiten.)* Nun, der Schein kann trügen *(nimmt ein Skalpell).* Sie müssen sich die Seele als einen Künstler denken, können Sie das, Herr Kommissar? *(Kommissar zuckt mit den Achseln)* Ich kann, ich spiele nämlich die erste Geige in einem Kammerorchester, und deshalb sage ich Ihnen *(sticht mit dem Skalpell in das Gehirn):* Die Seele spielt auf dem Gehirn, wie auf einem Klavier.

KOMMISSAR. Ich dachte, die Seele spielte Geige.

PROFESSOR *(Kommissar ignorierend).* Schlage ich dem Künstler, also der Seele, *(schneidet das Hirn auseinander)* das Instrument entzwei, so kann er mit dem besten Willen keine Musik mehr machen. Zerstöre ich ihm Teile des Klaviers *(stochert weiter im Hirn)* oder verstimme es auch nur, so ist es mit der Harmonie vorbei. *(Pause)* Also, ich kann beim besten Willen nichts erkennen.

KOMMISSAR. Mit diesem Trick können sie vielleicht im Chinesischen Staatszirkus auftreten. Ich lasse mir so leicht keinen Bären aufschwatzen. Wo etwas ermordet wurde, muss auch eine Leiche vorhanden sein, zu mindest Reste davon müssen doch noch zu finden sein. Anatom, was dieser Hirnhund hier behauptet, ist falsch, die Seele sitzt genau hier *(deutet auf die Mitte seiner Brust)* in der Brust, Wissenschaft hin oder her, ich glaube an die Leiche, Anatom, suchen sie weiter!

ANATOM. Nu, so leicht geben wir uns nicht geschlagen, wa, Herr Kommissar, is ja noch nich Butterstullenzeit. Nu woll mer mal *(wirft die Motorsäge an, schneidet den Körper auf, Blut spritzt, trifft Anatom und Professor, Kommissar bleibt verschont).*

KOMMISSAR. So viel zum Thema weiße Weste, Herr Professor! Ah ja, Herr Professor, dachte ich mir's doch! Die Firma WEISSE hat ganze Arbeit geleistet. Überall TRIVIUM, TRIVIUM, TRIVIUM. Ich möchte doch mal wissen, wie ein einfacher Patient bei ihnen soviel TRIVIUM bunkern kann, dass es stets ausreicht, ihn um die Ecke zu bringen. Ihre Patienten scheinen sich ausschließlich von TRIVIUM zu ernähren.

PROFESSOR. Bleiben sie doch bei den Fakten, Herr Kommissar! Wo ist Sie denn nun, Ihre Seele, die ich ermordet haben soll, Ihre Seelenleiche, Ihre Restbestände *(fuhrwerkt im Körper umher, hebt das Gedärm gegen das*

Licht, Anatom greift nach dem Herzen, schneidet es auf etc.) Nichts ist vorhanden, nichts.

ANATOM. Nischt, absolut nischt ist vorhanden, Herr Professor.

KOMMISSAR. Das kann doch nicht die Wahrheit sein *(schaut laienhaft im Körper nach, schüttelt den Kopf)* nichts, nichts, nichts. *(Begutachtet das Herz)* Auch hier nichts, nichts, nichts. Außer Fleisch, Blut und Gedärm nichts. Außer TRIVIUM nichts, Herr Professor!

ANATOM *(wühlt im Köper)*. Nischt ist vorhanden, Herr Professor, absolut nischt.

PROFESSOR *(zieht blutverschmierten Kittel aus, zieht neuen weißen Kittel an)*.

Was zu beweisen war, Herr Kommissar:
Es ist gar keine Seele dar.
Die Wissenschaft kann nichts dafür,
wenn der Patient die Pflicht vergisst und schreitet gleich zur Kür.
Auch trifft mich keine Schuld,
bei diesen heiklen Fragen braucht es halt Geduld.
Nur einige, die können's nicht erwarten
einzutreten in den Gottesgarten.

Und überhaupt, wo keine Seele ist,
da ist die ganze Therapie ein Mist.

KOMMISAR *(zieht den blutigen Kittel an).*
Ich gebe zu, am End bin ich verwirrt,
doch hab ich mich noch nie geirrt.
Seele hin oder Seele her,
hier stinkt's noch immer schwer.
Ich bleib bei meiner Thes`,

es ist ein Mensch, der hier verwest.
Ich gebe jedoch zu bedenken,
dass man nicht den Falschen soll erhenken.

Doch ist's mir hier bei so viel Tod
zu weiß. Und zu wenig schamesrot.

(Vorhang.)